Erich Dederichs & Uwe Zü

DAS NILPFERD UND...

Sepp Binder • Karl H. Bönner • Michael Bokler
Norbert Blüm • Sabine Etzold
Klaus Friedrich • Hans-Dietrich Genscher
Hans-Werner Hamacher • Götz von Hohnhorst
Henry Korn • Ernst von Niehl • Eugene O'Nil
Johannes Rau • Norbert Schäfer • Otto Schily
Rolf Schmidt-Holtz • Jürgen Schmude
Rita Süssmuth • Ingolf Zera

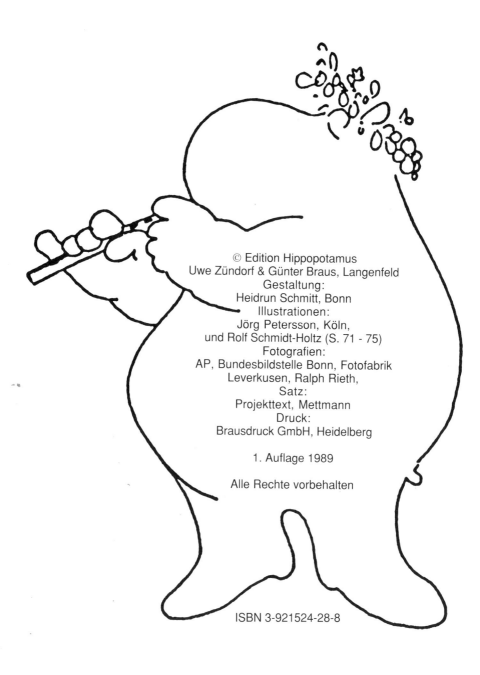

© Edition Hippopotamus
Uwe Zündorf & Günter Braus, Langenfeld
Gestaltung:
Heidrun Schmitt, Bonn
Illustrationen:
Jörg Petersson, Köln,
und Rolf Schmidt-Holtz (S. 71 - 75)
Fotografien:
AP, Bundesbildstelle Bonn, Fotofabrik
Leverkusen, Ralph Rieth,
Satz:
Projekttext, Mettmann
Druck:
Brausdruck GmbH, Heidelberg

1. Auflage 1989

Alle Rechte vorbehalten

ISBN 3-921524-28-8

INHALT

Warum dieses Buch für das Verständnis
unserer tierischen Welt unerläßlich ist   5

Prof. Dr. Ernst von Niehl:
Das Nilpferd als Wetterfrosch   10

Sabine Etzold:
"Panta rei" oder: "Alles ist im Fluß!"   16

Rita Süssmuth:
Schön rund, na und!?!   19

Hans-Dietrich Genscher:
Wackere Hippos statt Wackersdorf   24

Sepp Binder:
Der rot-grüne "Hanauer" auf
dem Weg ins soziale Nichts   29

Otto Schily:
Rotieren im Quadrat   32

Norbert Blüm:
Die gesetzliche Verankerung
von Nilpferd-Vertretungen   36

Jürgen Schmude:
Zwischen Sumpf und Loch   40

Götz von Hohnhorst:
Massives Wirkungspotential
und Seestehfähigkeit   43

Norbert Schäfer:
Neue Heimat im weiß-blauen Nil   46

Otto Schily:
Dicke Haut und großes Maul   50

Hans-Werner Hamacher:
Bürgerfreundlich und knöllchenfeindlich   54

Michael Bokler:
Die chronisch rezidivierende
Megalohippopotamomanie   58

Henry Korn:
Mit unnachahmlicher Eleganz ins Fettnäpfchen   62

Eugene O'Nil:
Der Nil kommt   65

Klaus Friedrich:
Schloß Moyland und seine Nilpferde   66

Rolf Schmidt-Holtz:
Natürlicher Lebensraum auf Seite 86   70

Karl H. Bönner:
Hippopotamosophie aus der Sicht
materialistischer Dialektik auf der
Grundlage der Dölleschen
Erkenntnisse von Jochen Moshaber   76

Johannes Rau:
Briefwechsel mit Lina   80

Ingolf Zera:
Nicht jeder Journalist ist ein "Schwein"   84

Erich Dederichs:
"Underhippos" von Botswana bis Bayern   88

Erich Dederichs:
Nilpferd contra Amtsschimmel   92

Bevor Sie zu lesen beginnen, möchte ich Ihnen zunächst einmal erklären, warum dieses Buch für das Verständnis unserer tierischen Welt unerläßlich ist.

Der Storch hat eine gewisse zweifelhafte Berühmtheit erlangt, weil er bei passender wie unpassender Gelegenheit unsere Frauen ins Bein beißt. Sein gefiederter Kollege, der Adler, drängt sich uns allgegenwärtig ins Auge: Selbst auf dem letzten Pfennig, den wir umdrehen, finden wir ihn. Und in unserem Parlament läßt er in stummer Verzweiflung über die Kampfhähne, deren Polit-Tiraden manchesmal auf keine Kuhhaut gehen, die Federn hängen.

Unsere ehedem graumäusigen Mäuse haben sich dank der Erfindung der comics zu unsterblichen Figuren der Weltgeschichte gemausert, angesichts deren Beliebtheit selbst ihr Landsmann Reagan im Regen steht. Mit ihren nicht minder bekannten Mitstreitern, den Enten, bilden sie sozusagen eine comic'sche Entente. Seit der Muppets-Show haben Frösche ihren Platz auch außerhalb unseres Halses und Schweine-Fräuleins einen Bekanntheitsgrad wie die Stars von Denver und Dallas.

Der Tiger hat den Dschungel mit dem Tank vertauscht, der Löwe gähnt sich durch den Vorspann von Metro-Goldwyn-Mayer-Filmen. Der Hund ist als Allzweck-Schimpfwort aus unserem Alltag ebenso wenig hinwegzudenken wie Esel und Rindvieh. Der Spatz dient als Ersatz für die Taube auf dem Dach oder als Synonym für die schrille Mireille aus Paris, der Kater als Postsaufsyndrom, und selbst der Regenwurm wenigstens noch als Köder. Wir lassen uns vom Elch knutschen und finden alles oberaffengeil.

So hat fast jedes Tierchen seine Stellung als Plaisierchen in dieser unserer tierischen Welt.

Wo
aber bleibt das Nilpferd - außer im Nil?

Warum wollen wir kein zartes Knutscherl vom Hippopotamus? Warum finden wir den tierischen Song von Nil Diamond nicht obernilpferdgeil? Warum hat der amerikanische Dramatiker Eugene O'Nil zwar ein Theaterstück geschrieben, das sich eingehend mit dem Kommen des Eismanns beschäftigt, aber auch nicht ein Hippodram, das sich mit der essentiellen Frage auseinandersetzt, warum und, wenn ja, wie das Nilpferd geht? Kurzum: Warum locken wir immer den Hund hinter dem Ofen hervor, nicht aber das Nilpferd aus dem Nil?

Auf der Suche nach einer Antwort auf diese und viele andere Fragen zum Stellenwert des Nilpferdes in unserer heutigen Gesellschaftsordnung stießen wir
a) auf viele verblüffende Tatbestände, welche alle bisherigen Erkenntnisse der Hippotamologischen Forschung nil und nichtig und die Stellung des Nilpferdes heute in einem völlig anderen Licht erscheinen lassen
und
b) auf viele prominente Mitsuchende, die sich ebenfalls nicht mit dem geradezu ni(hi)listischen Gedanken abfinden wollten, daß es noch ein größeres Glück geben könne als auf dem Rücken der Nilpferde...

Ihre und unsere eingehenden Recherchen nilauf- und abwärts haben uns zu dem Entschluß kommen lassen, daß wir mit der Fülle neugewonnener, zum Teil sensationeller hippopotamologischer Erkenntnisse keinen Tag mehr hinterm Berge halten dürfen. Die geschätzte Öffentlichkeit hat ein Recht auf die notwendige Korrektur ihres Weltbildes. Damit niemand mehr sagen kann: Nil Bock auf Nil Pferd. Vor allem aber hat unser Nilpferd selbst ein Recht darauf, daß es an der Hippotheke nicht länger fälschlicherweise als eine aus der Hippotenusen-Perspektive betrachtete Hippothese hippotrophiert wird.
Dieses Buch ist daher eine Notwendigkeit. Schließlich heißt es doch: Nil nisi bene. Frei übersetzt: Nilpferde haben kurze Beine.

Die Bauernregeln der Nilungen:

DAS NILPFERD ALS WETTERFROSCH

von Prof. Dr. Ernst von Niehl

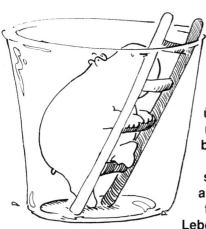

Es ist das unbestreitbare Verdienst des renommierten Regologen Prof. Dr. Ernst von Niehl - er stammt bezeichnenderweise aus dem gleichnamigen Kölner Stadtteil Niehl -, unser Wettern über das Wetter um einige geharnischte Sprüche bereichert zu haben. Zu Ihrer Erinnerung: Prof. von Niehl ist bekannt geworden durch seine grundlegenden Forschungsarbeiten über die profunden klimatologischen Erkenntnisse aus den Lebensgewohnheiten der Nilpferde in den kürzlich entdeckten Bauernregeln des bisher fälschlich als Nibelungen bezeichneten und ebenso fälschlich am Rhein angesiedelten Volksstammes der Nilungen. Der Niehler von Niehl hatte die unschätzbar wertvollen Stein-Manuskripte, auf denen 2.341 von geschätzt rund 4.000 Sprüchen lesbar geblieben sind, höchstselbst aus dem Schlick eines Seitenkanals des Blauen Nils geborgen. Im folgenden stellt er einige der vielleicht sinnreichsten Bauernregeln vor, die im übrigen nicht zu verwechseln sind, mit jenen Regeln, die beim Bauernkegeln den Umgang mit den Bauern regeln.

Wie die Nilungen es verstanden, ihre Urerfahrungen von Wind und Wetter, Weizenkorn und Weingeist und vom Weibervolk am Beispiel des Nilpferds allgemeingültig für alle Zeiten in Reim und Regeln umzusetzen, das verdient heute uneingeschränkt Bewunderung.

Ich habe für Sie, sehr verehrte Leser, einmal einen Bruchteil aller jener Regeln zusammengestellt, welche die Nilungen das ganze Jahr über von Monat zu Monat begleiteten. Sie haben es, wie aus den folgenden Beispielen hervorgeht, trefflich verstanden, tief in die Natur des Nilpferds hineinzulauschen, um sich auch dessen feinste Regungen nicht entgehen zu lassen und sie in Regeln zu fassen. Nicht zu fassen eigentlich, welche zutreffenden Rückschlüsse das Bauernvolk der Nilungen schon vor Urzeiten aus dem Verhalten unserer dickhäutigen Freunde zogen, ohne je etwas von einem Lorenz oder einem Grzimek gehört zu haben!

Erstaunlich ist der modern anmutende Wortschatz der Nilungen, der darauf hindeutet, daß manche von uns für soziologische Phänomene der Neuzeit gehaltenen Erscheinungen selbst in der Blütezeit des Ni(hi)lismus schon bekannt waren. Stellvertretend dafür seien nur derartige Begriffe genannt wie "Penner" - das Schriftzeichen ist merkwürdigerweise identisch mit jenem, das auch den Begriff der nilungischen Beamten darstellt - oder auch "Frust".

Nicht minder erstaunlich, durch welche weitreichenden Kenntnisse unserer Erde sich das Urvolk früherer Tage auszeichnete. Während unsere Historiker erst vor wenigen Jahren den Irrtum von den Nibelungen und ihrem Sitz am Rhein aufdecken konnten, dem sie doch jahrhundertelang verfallen waren, kannten die mit eben jenen Nibelungen verwechselten Nilungen neben ihrem Heimatfluß Nil bereits den irrtümlich für den Heimatfluß der eigentlich gar nicht existenten Nibelungen gehaltenen Rhein.

Es hat - das sei offen eingestanden - mein Herz höher schlagen lassen, als ich bereits nach dem Studium der ersten 35 Steintafeln erkennen konnte, daß auch die Nilungen mit ihren Bauernregeln das ganze Jahr lückenlos abdecken. Das ist umso verblüffender, als sie nach ihrer Zeitrechnung weder den Monat Februar noch den Monat November kennen. Vielleicht ist dies als eine frünilungische Hommage an das später heraufziehende Gregorianische Zeitalter zu werten. Mein sehr geschätzter Kollege, der Regologe Prof. Schollfisch, verdienstvoller Autor der zwölfbändigen "Regeln zwischen Schachtelhalm und Scholle", sieht das ebenso. Gänzlich anderer Auffassung ist allerdings der deutsche Tierfilmer Erhard Nielmann. Er glaubt aus der Interpretation des Nilpferd-Verhaltens ableiten zu können, daß schon damals die Nilpferde keinerlei Rücksicht darauf genommen haben, daß die Nilungen nur zehn Monate ihr eigen nannten und mit dem ihnen zugeschriebenen Starrsinn ihr unterschiedliches Wetter-Verhalten für zwölf Monate an den Tag gelegt haben. Wie auch immer - das letzte Experten-Wort darüber ist noch nicht gesprochen, das Geld für einen entsprechenden Weltkongreß, auf dem derart essentielle Fragen geklärt werden könnten, allerdings noch nicht zusammen.

Hier nun also die Regeln für die zwölf Monate des Jahres.

*Schläft das Nilpferd wie ein Penner,
wettet drauf: Dann ist es Jenner.*

*Kaum zu glauben, aber wahr,
wenn's Nilpferd balzt, ist Februar.*

*Rotiert das Nilpferd mit dem Sterz,
ist's schon wieder März, mein Herz.*

*Macht's Nilpferd Kuh- statt Pferdemist,
bleibt der April so wie er ist.*

*Zeigt's Nilpferd sich im Mai im Schlamm,
wird's Wetter garantiert noch klamm.*

*Wird das Nilpferd fett und fetter,
wird's Juni-Wetter wieder netter.*

*Schwimmt das Nilpferd mal im Rhein,
kann es doch nur im Juli sein.*

*Zeigt das Nilpferd Lust statt Frust,
ist es statt Juli schon August.*

*Stinkt's Nilpferd höllisch aus dem Maul,
ist das September-Wetter faul.*

*Wenn's Nilpferd plötzlich nilwärts rennt,
hat es den Oktober glatt verpennt.*

*Schnaubt das Nil-
pferd wie ein Roß,
ist im November
der Teufel los.*

*Wenn's Nilpferd im Dezember stöhnt,
der Wind durchs Niltal heftig föhnt.*

Im folgenden möchte ich Ihnen noch einige wenige exemplarische Bauernregeln vorstellen, die - wenn auch nicht monatsbezogen - das Geschehen an der Wetterfront ebenfalls zu erhellen versuchen. Die folgenden drei Beispiele scheinen besonders beliebt gewesen zu sein bei den Nilungen, weil der Scribent sie jeweils dreimal niedergeschrieben hat. Es mag dies angesichts der Fülle der Steintafeln und der doch etwas umständlichen Art der Textverarbeitung aber auch ein Zeichen von Alterserscheinung, sprich: Gedächtnisschwund gewesen sein.

*Fängt das Nilpferd an zu saufen,
ist's Zeit, 'nen Regenschirm zu kaufen.*

*Siehst im Nil du keine -pferde,
ist es kalt auf dieser Erde.*

*Rast das Nilpferd ohne Pause,
gibt es Regen - wie aus der Brause.*

Bedacht in der bäuerlichen Nilpferd-Lyrik der Nilungen sind allerdings auch die wichtigsten Feste im Laufe der Jahreszeit - bedeuteten sie doch gewiß einen der wenigen Höhepunkte im fernseh- und flipperlosen Leben dieses Volksstammes. So heißt es beispielsweise zu Weihnachten:

*Grunzt das Nilpferd voller Leid,
weiß jeder, es ist Weihnachtszeit.*

Und zur Jahreswende:

*Rinnt durch Nilpferd-Kehlen Trester,
ist es wieder mal Sylvester.*

Eines fällt beim Studieren der hippopotamologischen Bauernregeln auf: Das Sexuelle findet nicht statt, obwohl doch allgemein bekannt ist, daß die Nilungen in dieser Hinsicht sehr - ich will mal sagen - hippelig waren.

Geradezu verblüffend in dieser Hinsicht auch das nächste Beispiel. Um jede Fehlinterpretation auszuschließen, habe ich diesen Spruch jahrelangen intensivsten Studien unterzogen, ehe ich ihn nun, nachdem ich mir meiner absolut sicher sein kann, der geschätzten Öffentlichkeit übergebe und anheim stelle. Er weicht von den üblichen Bauernregeln inhaltlich weitgehend ab. Aber auch die Handschrift des Scribenten ist eine völlig andere. Es hat sich mir im Laufe meiner Forschungsarbeit der Eindruck verdichtet, daß dieser Spruch von Bubenhand in die Tafel 41 eingemeißelt worden ist. Nehmen Sie daher dieses erste bekannte Graffiti der Geschichte als das, was es ist: als einen besonders erheiternden Schlußgag:

*Was den Amis ist der Rambo,
ist uns Nilungen unser Schlambo.*

DAS NILPFERD IN DER POLITIK

Mit aufgerissenem Maul Sprüche klopfen und ein dickes Fell haben, schnell untertauchen, wenn's brenzlig wird, sich im Schlamm wohlfühlen und mit ihm werfen, mit Kohl-Dampf Grünes fressen, aber auch Blümchen rupfen, andererseits indes einen Vogel auf seinem Rücken dulden - das ist der Hippopotamus politicus.
Aber lesen Sie doch einmal selbst, was unseren Politikern zu diesem Thema ein- und aufgefallen ist.

Zur hippopolitischen Philosophie des Abendlandes:

»PANTA REI« ODER: »ALLES IST IM FLUSS!«

Der griechische Denker Heraklit traf mit seiner philosophischen Formel "panta rei" - "Alles ist im Fluß" - wahrlich des Pudels Kern: Im Nil stand die Wiege der abendländisch-hippopotomalogischen Politphilosophie. Dr. Sabine Etzold, Redakteurin des angesehenen "Kölner Stadt-Anzeigers", weist uns den Weg von des Hippos Ursprungs-Fluß bis zum Schlamm der heutigen Politszene.

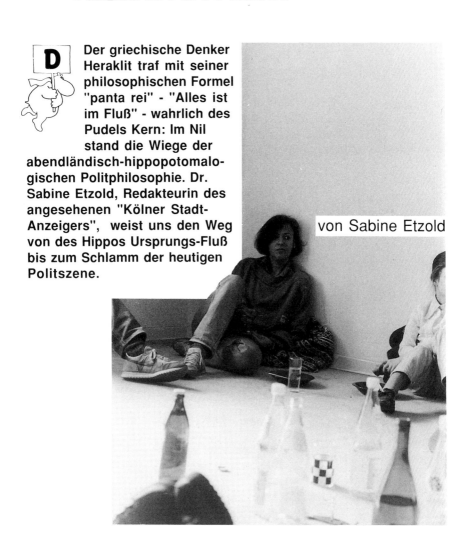

von Sabine Etzold

Das Nilpferd in der abendländischen politischen Philosophie ist eines der dunkelsten Kapitel der Philosophiegeschichte überhaupt. Genau genommen ist es eine Geschichte der Vernachlässigung. Dabei stand das Nilpferd - und dies wird keinen wahren Nilpferdfreund überraschen - an der Wiege der Philosophie.

Denken wir nur an Heraklits "panta rei". Bisher wurde das immer mit "Alles ist in Fluß" übersetzt, aber ich meine "Alles ist im Fluß" muß die korrekte Übersetzung sein. Doch seine Epigonen wollten das nicht wahrhaben, konnten mit seiner Erkenntnis nichts anfangen. Platon, Aristoteles, Thomas - sie alle merkten nicht, daß sie eigentlich ans Nilpferd denken sollten, wenn sie dachten. Jahrhundertelang gefangen in den Abstellkammern philosophischer Denkgebäude war es erst Thomas Hobbes vorbehalten, das Nilpferd aus seinem dunklen Verlies zu befreien - mit seinem Buch "Behemoth or the long parliament" (Im Buch Hiob wird das Nilpferd als "Behemoth" bezeichnet.).

Freilich tritt es uns bei diesem scharfsinnigen, auch verhängnisvollen Denker als "Behemoth", als biblisches Ungeheuer, entgegen - als verzerrtes Sinnbild für den Parlamentarismus, oder genauer: für das "Lange Parlament", das 1640 bis 1648 in England herrschte. Hobbes, dessen "Behemoth" bezeichnenderweise neben seinen anderen Werken kaum beachtet wurde, macht aus seiner Abscheu vor dem Parlamentarismus keinen Hehl. Für ihn waren zwei Legislaturperioden eine Monstrosität ohnegleichen.

Was aber, sollen wir uns heute erneut fragen, sind schon zwei Legislaturperioden? Ein Ungeheuer? Ein "Behemoth" etwa? Und hier liegt - so meine ich - die Aufgabe der modernen politischen Philosophie. Wir müssen "Behemoth" gedanklich überwinden und im Parlamentarismus und den Parlamenten wieder den biblischen wohlgemuten Dickhäuter erkennen lernen.

Ist es denn so abwegig, angesichts einer sich im Schlamm wälzenden Herde dieser sympathischen Tiere an ein Parlament zu denken? Warum überlassen wir uns nicht dieser Assoziation beim Anblick eindrucksvoll aufgerissener Mäuler und bemooster Speckschichten? Vielen von uns könnte der feste Stand auf dem Boden unserer demokratisch-parlamentarischen Grundordnung erheblich leichter fallen, hätten die Philosophen uns nur gelehrt, zu erkennen, daß dieser Boden schlammig ist und schlammig sein muß.

Lassen Sie mich an dieser Stelle anregen, eine Stiftung ins Leben zu rufen. Eine Stiftung, deren Zweck es sein sollte, junge Menschen durch ideelle und finanzielle Unterstützung zu ermutigen, sich wissenschaftlich mit dem Nilpferd auseinanderzusetzen. Davon kann unserer aller Zukunft abhängen, denn - machen wir uns nichts vor - eine Elite ohne Nilpferd wird es nicht geben.

Liebe Nilpferdfreunde aller Länder, vereinigen wir uns, stellen wir Hobbes' Behemoth vom Kopf auf die Füße und bringen unser Nilpferd endlich auf den cartesianischen Trampelpfad der abendländischen Philosophie. Erst dann wird aus dem "homo homini lupus" ein "homo homini hippopotamus". "Cogito ergo hippopotamus sum" laute unsere Devise.

Das Nilpferd und die Frauenbewegung:

SCHÖN RUND, NA UND!?!

Geschlechtsspezifische Stellenausschreibungen haben bei Nilpferden keine Chance, von geschlechtsspezifischer Erziehung ganz zu schweigen. Denn: Die Emanzipation der Nilpferdfrau ist viel weiter vorangeschritten als gemeinhin bekannt. Viele Probleme, mit denen die Menschenfrauenbewegung hier und heute noch kämpfen muß, sind bei den Nilpferden längst gelöst. Darauf weist Professor Dr. Rita Süssmuth, Präsidentin des Deutschen Bundestages und gestandene Menschenfrauenbewegungskämpferin, im folgenden Beitrag hin und kontert, angesprochen auf das äußere Erscheinungsbild der Nil-Emanzen: "Schön rund, na und!?!"

Manchen mag es erstaunen, daß sich die Frauenbewegung dem Nilpferd in besonderer Weise verbunden fühlt, entspricht doch die Nilpferdfrau auf den ersten Blick allzu deutlich dem traditionellen Frauenbild. Zugegeben: Nilpferdfrauen leisten keinerlei Erwerbsarbeit. Sie belasten den Arbeitsmarkt nicht (und man stelle sich vor, wie sehr sie ihn belasten würden, wenn sie in größerer Zahl auf ihn drängten!), ja, Nilpferdfrauen suchen nach Auskunft aller Arbeitsämter nicht einmal Teilzeitarbeit in nennenswertem Umfang.

Nilpferdmütter bringen alljährlich ein Junges zur Welt und kümmern sich geradezu vorbildlich um ihre Kleinen. Sie verlangen nicht nach familienergänzenden Einrichtungen, um sich ungestört der Selbstverwirklichung hingeben zu können.

Ihr äußeres Erscheinungsbild hebt sich wohltuend ab vom Weiblichkeitsideal der Frauenmagazine. Die Schönheit der Nilpferdfrau offenbart sich nur dem Kennerblick. Ihre Körperfülle und weiblichen Rundungen vermitteln den Eindruck von Solidität, Sanftmut und Bescheidenheit, die der deutsche Mann an seiner Frau mittlerweile so schmerzlich vermißt. Dies qualifiziert das weibliche Nilpferd zum Traum der Paschas, zum Leitbild einer Gesellschaft, in der die Frauen wieder da sind, wo sie hingehören, bei ihren Kindern am heimischen Herd.

Doch Vorsicht! Der erste Eindruck täuscht! Haben Sie schon mal ein Nilpferd am Herd gesehen? Dem stehen schon allein die räumlichen Dimensionen, die der hiesige Wohnungsbau den Küchen zubilligt, im

Wege. Nilpferdfrauen lassen sich nicht an den Herd verbannen. Jeder Versuch dieser Art würde bereits an der Wohnungstür enden. Allenfalls die Herde in Großküchen könnten als Betätigungsfeld für Flußpferdfrauen in Erwägung gezogen werden.

Dies alles weist darauf hin, daß die Emanzipation der Nilpferdfrauen schon viel weiter fortgeschritten ist, als der erste Anschein vermuten läßt. Ja, bei den Nilpferden sind viele Probleme gelöst, mit denen die Frauenbewegung immer noch zu kämpfen hat.

Betrachten wir z.B. das Sprachproblem. Wer von einem Nilpferd spricht, meint immer beide: Nilpferdmann und Nilpferdfrau, Flußhengst oder Flußstute bzw. Nilsau oder Nileber - denn schließlich gehören die Flußpferde biologisch zu den Schweinen. Hier muß man/frau nicht mühsam nach Amtmännern, Amtfrauen oder -männinnen differenzieren: Die Nilpferdfrau kann sich immer angesprochen fühlen, wenn irgendwo vom Nilpferd die Rede ist. Die geschlechtsspezifische Stellenausschreibung hatte bei den Nilpferden niemals eine Chance.

Auch ein anderes Übel unserer Gesellschaft, die geschlechtsspezifische Erziehung, blieb den Nilpferden erspart. Ob Sau oder Eber: Der kleine Unterschied läßt sich beim tagsüber im Wasser, nachts im Dunkeln an Land befindlichen Nilpferd nämlich nicht so einfach feststellen. Auf den ersten Blick unterscheidet sich erst das voll ausgewachsene Nilpferdweibchen augenfällig vom Männchen: an der Länge der Eckzähne. Diese Tatsache erklärt auch die lange offen gebliebene Frage, warum Nilpferdmütter allen Lockungen der Werbung zum Trotz nie dazu bewegt werden konnten, ihre Babys in rosa und himmelblau zu kleiden.

Vorbildlich haben die Nilpferdfrauen das Problem der Kinderbetreuung gelöst. Solange das Junge noch sehr klein ist, trägt die Mutter es stets bei sich, ja, sie läßt sich in aller Gelassenheit von ihm auch einmal auf dem Kopf herumtanzen. Der Nilpferdvater nimmt regelmäßig an der Kinderbetreuung teil. Selten nur bleibt die Flußpferdmutter mit ihrem Jungen allein. Man will allerdings auch beobachtet haben, daß die Mutter ihr Kleines bei Bedarf schon einmal in einer Schlammkuhle allein läßt, aus der das Nilpferd-Küken ohne fremde Hilfe nicht herauskann. Die intensive Beschäftigung mit dem Kind im ersten Lebensjahr war bei Nilpferden übrigens schon lange üblich, ehe die Bundesregierung Mutterschafts- oder gar Erziehungsurlaub einführte.

Die Gleichberechtigung der Nilpferdfrau ist also schon sehr weit gediehen, aber noch immer fehlt es an der öffentlichen Anerkennung und der politischen Repräsentanz. Die Zahl der weiblichen Nilpferde in bundesdeutschen Parlamenten liegt bekanntlich noch niedriger als die der Menschenfrauen - obwohl man sich das kaum mehr vorstellen kann. Es ist daher notwendig, die Nilpferd-

frau durch gezielte Förderungsmaßnahmen stärker als bisher am öffentlichen Leben zu beteiligen. Leider sehe ich in der deutschen Parteienlandschaft nur die Christlichen Demokraten, die sich dieser Aufgabe hinreichend und mit Aussicht auf Erfolg annehmen können. *(Anm. d.Setzerin: Na, na, Frau Minister, wir haben doch keinen Wahlkampf!)* Die Grünen, die sich wieder einmal als die berufenen Vertreter der Nilpferdfrauen aufspielen, seien gewarnt: Eine ausgewachsene Nilpferdfrau frißt allnächtlich 30 bis 35 Kilo Grüne - pardon: Grünes.

Bei allem, was noch vor uns liegt: Ich sehe große Chancen für das weibliche Nilpferd, sich mit ein wenig Förderung in der deutschen politischen Landschaft durchzusetzen. Seine Dickfelligkeit, aber auch sein Hang zur Geselligkeit qualifizieren es schon heute für höchste politische Ämter. Daß es sein Maul immer dann weit aufreißt, wenn ihm das Wasser bis zum Halse steht, läßt übrigens auch Gewerkschaftskarrieren erreichbar erscheinen. Allerdings teilt die Nilpferdfrau nicht die Angewohnheit der Herren unter den Nilpferden. Diese schmeißen nämlich immer, sobald sie auftauchen, mit Dreck um sich, ohne daß es dafür einen erkennbaren Grund gäbe. Diese Defizite können der Nilpferdfrau im politischen Leben zu schaffen machen. Detaillierte Förderungspläne, einige richtungsweisende Modellversuche und nicht zuletzt die Quotierung werden Abhilfe schaffen.

Leider ist derzeit noch nicht einmal das Problem der Zuständigkeit für Nilpferdfragen gelöst. Ich kann aber versichern: Ich werde bei nächster Gelegenheit den Herrn Bundeskanzler dazu veranlassen, die Zuständigkeit des Bundesministeriums für Jugend, Familie, Frauen und Gesundheit um die Nilpferdfragen zu erweitern. Das BMJFFFG, das Bundesministerium für Jugend, Familie, Frauen, Flußpferde und Gesundheit, wird dann auch sicher bald alle erforderlichen Kompetenzen und Gesetzgebungsvollmachten für Nilpferde erhalten.

Hippopothesen zum Nilpferd und seinem Stellenwert in der gesamtpolitischen Lage der Bundesrepublik Deutschland:

WACKERE HIPPOS STATT WACKERSDORF

von Hans-Dietrich Genscher

Eher mit Elefanten als mit Nilpferden verbinden politisch Interessierte den Bundesminister des Auswärtigen Hans-Dietrich Genscher. Wegen seiner - nach eigenen Angaben, bitte schön! - großen Ohren. Dies ist jetzt vorbei. Denn: Mit der Vorlage seiner Hippopothesen hat er sich als profunder Hippopotamologe qualifiziert. Besondere Beachtung verdient die von ihm entdeckte hippostatische Elektrizität, die mittels Lüsterklemmen für richtige Spannung sorgen kann.

Ich habe mich über Nilpferde kundig gemacht mit der dem Auswärtigen Amt zur Verfügung stehenden Ausgabe von Brehms Tierleben, Jahrgang 1900, aus der Biliothek des Reichskolonialamtes. Letzteres ist übrigens eine Kompetenz, die ich angesichts südlicher Ansprüche auf das Auswärtige Amt gern bereit wäre, in freistaatliche Hände zu legen. Aber leider ist das Reichskolonialamt - gewiß zum Bedauern mancher traditionsbewußter Politiker - trotz der Wende noch nicht wieder entstanden.

So müssen wir wohl zur Zeit noch auf eigene Nilpferdbestände verzichten. Dennoch reißen die Hippopothesen darüber nicht ab, wie man unser geliebtes Nilpferd in diesem unserem Lande heimisch machen könnte.

Ich persönlich kann mich dieser Aufgabe uneigennützig widmen. Wie Sie alle wissen, ist mein Maskottchen der Elefant - wegen der großen Ohren und des guten Riechers.

Die Lektüre bei Brehm hat mich überzeugt: Das Nilpferd eignet sich im Grunde mehr als Wappentier der Opposition; nicht nur, weil es sein großes Maul so schön aufreißen kann, nicht nur wegen seiner Dickhäutigkeit, sondern vor allem, weil ihm normalerweise auch immer das Wasser bis zum Halse steht. *(Anm. d. Setzerin: Hört, hört!)* Außerdem hat es ebenso kurze Beine wie die Versprechungen der Opposition.

Eine andere Möglichkeit wäre es, die Ansiedlung unseres geliebten Nilpferdes den Journalisten anzuvertrauen. Sie könnten mit seinem ansehnlichen Umfang spielend das Sommerloch füllen. Denn gerade in dieser Zeit ist ja die hohe Schule des deutschen Journalismus gefordert: Es geht darum, möglichst keinen Gedanken zu haben, diesen aber einleuchtend ausdrücken zu können.

Und nicht nur im Sommerloch könnte unser Hippopotamus so

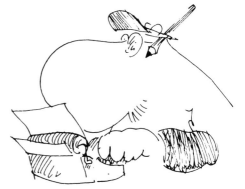

trefflich ablenken von dem notorischen neuen Typ Politiker, wie er sich in den diversen Spendenuntersuchungsausschüssen dargestellt hat: einnehmend, vergeßlich und preiswert.

Zudem könnten sich die im Sommerloch verbliebenen Stallwachen der Politik mit unserem Hippo amüsieren statt mit der letzten Bonner Sommerloch-Bardame: einem auf einer Getränkekarte eingeschlafenen Dekolleté, das nur schluckweise geweckt werden kann.

Nun, unser Tierchen verdient aber nicht nur die Aufmerksamkeit der Journalisten. Auch die Grünen wollen sich seiner annehmen. Gerade bei ihnen würde man sich ganz besonders wünschen, daß sie sich statt um die Politik mehr um Nilpferde kümmerten - ich hoffe, die Tierschützer werden es mir verzeihen.

Das setzt natürlich voraus, daß man den grünen Wirtschaftspolitikern den Unterschied zwischen Hippopotamus und Hypothek klarmachen kann.

Ich glaube, das wird gehen, wenn man es den Partei-Sozio-Politologen in ihr Politchinesisch übersetzt. Damit Sie wissen, was ich meine, hier ein Beispiel: "Die voluminöse Expansion subterraler Agrarprodukte steht in reziproker Relation zur intellektuellen Kapazität ihrer Produzenten."

Das könnte aus dem Wahlprogramm der Grünen für eine neue Agrarpolitik gewesen sein - ist es aber nicht, sondern heißt bei uns Nilpferdfreunden ganz schlicht: Die dümmsten Bauern ernten die dicksten Kartoffeln.

Von der Agrar- zur Energiepolitik: Es liegt ja nahe, das Nilpferd als alternative Energiequelle zu betrachten. Eine ideale umweltfreundliche Lösung. Ich werde das anhand meiner wissenschaftlichen Studien bei Brehm so erklären, daß es alle Nilpferdfreunde verstehen können. Sie brauchen nur einen Glasstab solange an dem Nilpferd zu reiben, bis hippostatische Elektrizität entsteht, die man dann leicht an den dafür vorgesehenen Ohren - auch bei getauchtem Zustand - vermittels Lüsterklemmen abnehmen kann. Und an Lüsterklemmen fehlt es bei den Grünen nicht - sie wissen schon: die Öko-Grapscher - so daß der vollständige Kreislauf gesichert ist. Also: Nilpferdkraft statt Wackersdorf!

Nun versteht auch jeder, warum die bayerische Staatsregierung sich so vehement gegen die Ansiedlung unserer entzückenden öko-freundlichen Tierchen in den bayerischen Flüssen wendet. Aber hinter dieser vordergründigen Abneigung steht in Wirklichkeit eine zutiefst hintersinnige Zuneigung. Denn es sind ernsthafte Überlegungen im Gange, das Nilpferd ins bayerische Staatswappen zu übernehmen. Der bayerische Löwe, der brüllt und grollt gelegentlich, aber mit so einem richtigen Hippopotamus bavaricus könnte man der Bundesregierung von Zeit zu Zeit einen richtigen "Nasenstoiber" versetzen.

Deshalb hat die bayerische Staatsregierung als Übergangslösung zunächst einmal beschlossen, daß an den bayerischen Grenzen ab sofort kein Nilpferd, ganz gleich ob preußisch, österreichisch oder sonst ausländisch, mehr zurückgewiesen wird, selbst wenn es in Bayern demonstrieren will oder Asyl sucht.

Und bei der von ihr geforderten Änderung des Grundgesetzes zum Asylrecht will die bayerische Staatsregierung eine Ausnahme für Nilpferde machen. Das können wir nur unterstützen! Bei der Wahrung und Durchsetzung der Nilpferdrechte lassen wir uns von niemandem übertreffen.

Denn schon unser Nilpferdfreund Schopenhauer wußte: "Daß uns der Anblick der Tiere so ergötzt, beruht hauptsächlich darauf, daß es uns freut, unser eigenes Wesen so vereinfacht vor uns zu sehen."

Das Nilpferd als hessischer Sozialfall:

DER ROT-GRÜNE »HANAUER« AUF DEM WEG INS SOZIALE NICHTS

von Sepp Binder

Es war einmal - in Hessen alles anders. Selbst der Sozialfall. Denn der hatte die Gestalt eines Nilpferds. Das beileibe kein normales Nilperd war. Sepp Binder, ehemals Sprecher des Hessischen Sozialministeriums, heute in gleichem Amt bei der SPD-Bundestagsfraktion, läßt die vergangenen Tage noch einmal vor unseren Augen lebendig werden. Heute wissen wir, wie es wirklich ausgegangen ist. Eben so: Es war einmal...

Hessen hat eine Fläche von 21.114,5 Quadratkilometern. Es hat 5.564.964 Einwohner, neun Naturparks - aber nur ein Nilpferd.

Der hessische Dichter Kasimir Edschmid beschrieb den Reiz Hessens einmal so: "Hessen hat in seinem Süden noch etwas Licht des Mittelmeers - vom tiefsten Rot blühender Kakteen und vom satten Grün der Macchia-Gewächse - und im Norden spiegelt es schon herb die fahlen Farben, die auch über der Nordsee liegen."

Dieses Farbproblem unterscheidet nicht nur das Land. Es unterscheidet nicht nur die SPD von Hessen Süd und Hessen Nord. Es ist auch ein Problem für das einzige hessische Nilpferd. In jüngster Zeit mußte es nämlich auf Grund seiner angeborenen Anomalien immer stärker in Konkurrenz treten zum Wappentier des Landes: zum rot-weißen Hessen-Löwen.

Auch das hessische Nilpferd ähnelt einem Zebra. Es ist rot-grün gestreift. Es wedelt mit einer Dachlatte. Noch vor kurzem hörte es auf den Namen "Holger". Jetzt ist es auffällig schwerhörig geworden. Sein primäres Geschlechtsorgan ist leider zum nuklearen Brennstab verkümmert. Zoologen sprechen deshalb vom sogenannten "Hanauer". Gerade diese Anomalie gefährdet durch Strahlen-Mutation die hessische Nilpferdzucht. Das Tier ist vom Aussterben bedroht.

Als einen letzten Rettungsversuch hat Hessen deshalb ein "Artenschutzprogramm" verabschiedet. Allerdings stößt die geplante bundesweite Verzahnung aller Nilpferd-Reservate zu einem "Biotop-Verbundnetz" auf rau(h)en Widerstand jenseits der hessischen Grenzen. Sogar der langjährige Grünfutterlieferant und bekannte Tierpfleger Willy Brandt hat kürzlich überraschend erklärt: "Das rot-grüne Nilpferd ist überflüssig."

So ist das rot-grüne Nilpferd jetzt zum Sozialfall geworden. Es ist ins soziale Nichts abgerutscht. Es siecht. Es ist Sinnbild der Neuen Armut. Als solches kann es im Wiesbadener Landtag besichtigt werden.

Einige Veterinärmediziner sprechen bereits von Notschlachtung. Andere hingegen wollen es bloß noch zu Demonstrationszwecken und Tierversuchen am Leben erhalten. Das wiederum ist der Hintergrund dafür, daß gerade in Hessen die "Aktion gegen Tierversuche" sehr starken Zulauf erhält. Die Hessen sind Tierfreunde.

Der hessische Vorstoß "Mehr Freiheit für Legehennen" als Testfall für die Rettung des rot-grünen Nilpferds ist leider im Bundesrat gescheitert. Gleichwohl will Hessen zumindest die landesweite Resonanz auf die Initiative für ein größeres Platzangebot für Hühner auch für das rot-grüne Nilpferd nutzen. Praktische soziale Hilfe für das Tier soll jetzt zu klaren Rechtsvorschriften führen: Vom engen Landtagskäfig heraus soll es mehr Bewegungsfreiheit in den hessischen Städten und Gemeinden erhalten.

Eine bessere Umwelt ersetzt allerdings nicht die verkümmerte Fortpflanzungsfähigkeit. Sie ist dem Kuscheltier der Hessenkinder durch das "Hanauer"-Syndrom abhanden gekommen. Und erschwerend kommt hinzu, daß sich das Wedeln mit der Dachlatte als untaugliches Balzverhalten erwiesen hat. Gentechnologen versuchen derzeit, zumindest den "Hanauer" wegzumendeln. Bis zu einem Erfolg bleibt das rot-grüne Nilpferd im hessischen Pflegeheim zumindest bundesweit der interessanteste Sozialfall.

Das Nilpferd und das Rotationsprinzip:

ROTIEREN IM QUADRAT
von Otto Schily, MdB

+ g = s² - so einfach ist bei den Nilpferden die Formel für die Rotation, jene Rotation, mit der sich die Grünen legislaturperiodenlang herumgeschlagen haben. Diese Formel verdanken wir einem, der es nun wirklich wissen muß: dem Fast-schon-Profi-Hippopotamologen Otto Schily, seines Zeichens rein- und rausrotiertes Mitglied des Deutschen Bundestages.

Heute bin ich in der glücklichen Lage, Ihnen die jüngsten Ergebnisse auf diesem bislang noch weithin unerforschten Felde der hippopotamologischen Forschung bekanntzugeben. Es wird Sie vielleicht überraschen, daß sogar präzise Meßergebnisse vorliegen, wonach sich die Formel für die durchschnittliche Rotationsgeschwindigkeit des Nilpferdes unter Berücksichtigung regelmäßigen Untertauchens im Sumpf wie folgt berechnen läßt:

$$r + g = s^2$$

Daraus ist für den hippopotamologischen Experten ohne weiteres ersichtlich, daß wer rotiert, auch gelegentlich im Quadrat springen muß, eine Bewegungsart, die allerdings für Nilpferde nach allem, was wir wissen, eher untypisch ist.

Ich sollte nicht den Hinweis versäumen, daß das Nilpferd eine spezifische partielle Rotation kennt, nämlich die des Schwanzes. Was bei dieser nilpferd-charakteristischen Schwanzrotation geschieht, möchte ich nur diskret andeuten. Wissenschaftlich gesehen handelt es sich um die Diffusion von Substanzen, die aus dem Stoffwechselprozeß hervorgehen. Der Vorgang zeigt signifikante Ähnlichkeiten mit den Ausscheidungen von im Süden der Republik beheimateten Hornochsen, die damit ihr Revier zu markieren und zu verteidigen suchen. Daß sie damit in bedrohliche Schwierigkeiten mit den sich unablässig vermehrenden Schmeißfliegen geraten, muß alle alarmieren, denen das Gedeihen schwarz-braun gefleckter Rindviecher ein unerhörtes Anliegen ist.

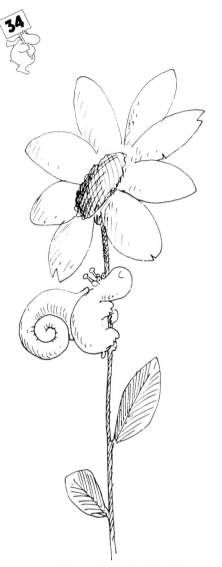

Während somit das Problem der Rotation von Nilpferden weitgehend als wissenschaftlich geklärt angesehen werden darf, sind einstweilen experimentelle Arbeiten, die sich dem Projekt einer Kreuzung von Flußpferden unterschiedlicher Abstammung aus dem roten und grünen Nil - fälschlich von bayerischen Geographen als weißer und blauer Nil bezeichnet - widmen, nur zögernd vorankommen.

Auch auf die Gefahr hin, daß einige Leser in eine bekanntlich dem Nilpferd eigentümliche Gemütslage verfallen und in ein sogenanntes beim Nilpferd zu beobachtendes Wutgähnen ausbrechen, darf ich in aller Bescheidenheit darauf aufmerksam machen, daß zwei Wiesbadener Zoodirektoren, wenn auch unter heftigen Protesten der Tierpflegerin D., prächtige bichrome Nilpferde gezüchtet haben. Andere größere Tierparks haben sich leider diesen zukunftweisenden Bemühungen noch nicht angeschlossen und bevorzugen nach wie vor die monochromen Nilpferde.

Bezweifelt wird die These, daß der Verzehr von mehreren Tonnen Sonnenblumenkernen zu dem hessischen Zuchterfolg beigetragen hat. Für wahrscheinlicher wird gehalten, daß das dortige hochangereicherte Reizklima hauptursächlich war. Neuerdings sind interessanterweise auch in niedersächsischen Biotopen einige Exemplare der rot-grünen Spezies gesichtet worden, deren systematische Ansiedlung, wie Gerüchte wissen wollen, mit seltsamen alt-afrikanischen Beschwörungsritualen gefördert werden soll. So wird berichtet, ein gewisser Wildhüter Gerhard S. aus Hannover habe empfohlen, den Beistand "aller guten Geister" zu suchen, damit die noch etwas scheuen rot-grünen Nilpferde nicht wieder vertrieben werden. *(Anm. d. Setzerin: Hat wohl nichts geholfen!?!)*

Zu warnen ist vor Versuchen, mittels Gentechnik rot-schwarze Nilpferde in die Welt zu setzen. Aus wissenschaftlichen Kreisen vor allem in Österreich verlautet, daß solche rot-schwarzen Nilpferd-Ungetüme nahezu bewegungsunfähig sind, leicht verfetten und verheerende Flurschäden anrichten. Sie sind sehr anfällig für Flick-Fieber und ähnliche Erkrankungen. Rot-grüne Nilpferde sind friedlicher, widerstandsfähiger, beweglicher und lustiger. Ich hoffe deshalb, daß im kommenden Jahr ein Abkommen unterschriftsreif sein wird, mit dem die rot-grünen Nilpferde überall in der Bundesrepublik unter besonderen Artenschutz gestellt werden.

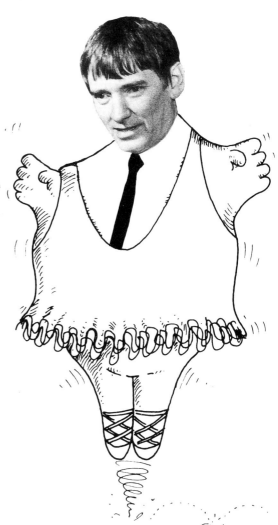

Das Nilpferd im Betriebsverfassungsgesetz:

DIE GESETZLICHE VERANKERUNG VON NILPFERD-VERTRETUNGEN

NORBERT TUT WAS!

von Norbert Blüm

Der Schein trügt: So untätig das Nilpferd auf den ersten Blick auch ausschauen mag, so tätlich ist es, wenn es erst mal zur Tat schreitet. In einer ganzen Palette von Berufen hat es bereits Fuß gefaßt. So will nun Bundesarbeitsminister Dr. Norbert Blüm der durchaus berechtigten Forderung der berufstätigen Nilpferde nach Minderheitenschutz Rechnung tragen und in Unternehmen mit mehr als fünf ganztagsbeschäftigten Hippos eine betriebliche Nilpferdvertretung gesetzlich verankern.

Sicher haben Sie Verständnis dafür, daß ich in dieser sensiblen Phase der politischen Diskussion das in Rechtswissenschaft und Politik noch heftig umstrittene Thema der "Stellung des Nilpferdes im Betriebsverfassungsgesetz" nicht öffentlich diskutieren möchte; zu groß wäre die Gefahr, daß damit die Diskussion präjudiziert würde. Ich darf Ihnen aber an dieser Stelle - mit der Bitte um entsprechende Diskretion - meine persönlichen Gedanken mitteilen:

Erstens halte ich es für dringend erforderlich, in Betrieben mit mehr als fünf ganztagsbeschäftigten Nilpferden eine betriebliche Nilpferdvertretung gesetzlich zu verankern. Rechtstechnisch käme eine Analogie zu § 16 ff. Betriebsverfassungsgesetz in Betracht.

Zweitens wäre daran zu denken, auch in der Vorschrift über den Betriebsausschuß (§ 27) die obligatorische Repräsentanz zumindest eines Nilpferdes gesetzlich vorzusehen. Andernfalls bestände die Gefahr, daß die Interessen der betriebsangehörigen Nilpferde gegenüber der Betriebsleitung nicht in ausreichendem Maße wahrgenommen würden.

Drittens wäre es wünschenswert, daß in § 31 auch der Vertreter des Nilpferdverbandes ein Teilnahmerecht an den Sitzungen des Betriebsrates erhielte.

Viertens: Ich sehe politische Probleme bei der Übertragung der Vorschriften über die Freistellung (§ 38) auch auf die Nilpferdvertreter. Ich kann mich dem Argument, bei Nilpferden entstünden besonders hohe Nebenkosten, die eine völlige Freistellung unmöglich machten, aus Gründen der Arbeitsplatzsicherheit nicht völlig entziehen - nicht zuletzt auch im Interesse der Nilpferde selbst.

Fünftens hielte ich es - falls die nilpferdrechtlichen Ergänzungen Eingang in das Betriebsverfassungsgesetz fänden - für unabdingbar, den in § 55 Betriebsverfassungsgesetz verwendeten Begriff des "Stimmengewichts" dahingehend zu präzisieren, daß damit eine Pro-Kopf-Gewichtung und nicht etwa eine in Kilogramm gemessene Gewichtung gemeint ist.

Die wenigen Hinweise mögen verdeutlichen, mit welchem Nachdruck die Frage der rechtlichen Verankerung der Nilpferde im Betriebsverfassungsgesetz betrieben wird.

Ein erster Erfolg auf anderem Gebiet ist bereits geschafft: Die im Bereich der Bundeshauptstadt ursprünglich ins Auge gefaßte Idee der Einführung einer Nilpferdsteuer in Höhe des zwölffachen Hebesatzes der örtlichen Hundesteuer ist durch eine interfraktionelle Absprache vom Tisch.

Das Nilpferd im innerdeutschen Spannungsfeld:

ZWISCHEN SUMPF UND LOCH

Von nilpferdfreundlichem Gras zu Grass, von nilpferdtypischen Ächz-, Grunz- und Brummlauten zu Oskar Matzeraths Blechtrommel schlägt der deutschlandpolitische Experte der SPD-Bundestagsfraktion Dr. Jürgen Schmude einen weiten Bogen. Daß im übrigen weder Elefanten noch Kamele, geschweige denn ein Strauß oder andere Vögel für das schwierige sensible Geschäft der Deutschlandpolitik geeignet sind, versteht sich von selbst.

von Jürgen Schmude, MdB

Lange genug sind die Nilpferde verkannt worden. Andere große Tiere haben sich breit gemacht. Die Macht haben sie an sich gerissen und die Geschäfte besorgt. Die politischen, zumal die innen- und außenpolitischen, die auf hoher Ebene und besonders die auf Gipfeln. Um die an der Basis und unter der Basis hat sich keiner gekümmert. Nur die Nilpferde. Die liegen da im Schlamm und rühren ihn um. Jemand muß das ja tun. Auch beobachten sie die Konkurrenz auf der hohen Ebene. Und warten auf ihre Stunde. Jetzt endlich rückt sie näher.

Den Gipfeln kann das nur nützen. Besonders in der Deutschlandpolitik. Da ist neulich schon wieder ein Gipfel geplatzt. Er war ja auch von Elefanten vorbereitet worden. Von denen mit den großen Ohren, und von denen, die nur rumtrompeten *(Anm. d. Setzerin: Wen er da wohl meint?)*

Deutschlandpolitik ist wie Porzellan. Trompetentöne hält sie nicht aus. Da geht es ihr wie dem Glas unter dem Geschrei des kleinen Oskar Matzerath. Ein Elefant ist eben nichts für den Umgang mit Porzellan. Der Strauß auch nicht und überhaupt kein großer Vogel. Schon gar nicht das Kamel, das meinte, wir seien auf die Ehre des Gipfels nicht angewiesen. Der Gipfel war dieser Behandlung nicht gewachsen. Was blieb ihm übrig, als zu platzen, eben wie Porzellan.

Die Nilpferde hätte man machen lassen sollen! Sie trompeten nicht. Man liest, daß sie häufig eine Folge von Ächz-, Grunz- und Brummlauten hören lassen, jedoch kein Gebrüll, dessen Lautstärke ihrer Körpergröße angemessen wäre. Das genügt ja auch, um Positionen zu markieren, und macht nichts kaputt.

Nilpferde haben gelegentlich offene Mäuler. Die bekommt man schneller zu als offene Fragen. Für Mäuler gibt es eben kein Offenhaltegebot.

Kleine Schritte brauchen Nilpferde nicht erst zu lernen. Mit ihnen kommen sie gut voran. Auch unter Wasser. Besondere Bemühungen aber, die man nicht sieht und auch nicht sehen soll, sind für Nilpferde nichts Besonderes. Die Elbegrenze sieht man auch nicht. Dabei gucken sich die Leute schon jahrelang die Augen nach ihr aus. Irgendwo aber muß sie sein. Wahrscheinlich unter Wasser, im Schlamm. Für Nilpferde kein Problem.

Wer wahllos große Tiere ranläßt, muß sich manchmal sogar von Eisbären einen aufbrummen lassen. Die machen das Spannungsverhältnis immer spannender, bis schließlich die Eiszeit da ist. Wo aber Nilpferde sind, braucht man kein Eis zu fürchten.

Der Boden der Verträge und Vereinbarungen ist hart geworden. Man steht fest auf ihm, aber unbequem. Lassen wir ihn von den Nilpferden bearbeiten, damit endlich ein gutnachbarlicher Sumpf daraus wird!

Nilpferde brauchen nicht erst unsere Anerkennung, um welche zu sein. Aber endlich sollte man sie voll respektieren. Denn an der vollen Anwilmsung *(Anm. d. Setzerin: Auweia, Frau Wilms!?!)* und strikten Einschaltung der Nilpferde in die Deutschlandpolitik führt kein Weg mehr vorbei.

Das Nilpferd in der Vorne-Verteidigung:

MASSIVES WIRKUNGSPOTENTIAL UND SEESTEHFÄHIGKEIT

von Götz von Hohnhorst

In seltener Rücksichtnahme auf Tierschützer und Heger und im ständigen Bemühen, den seestrategischen Auftrag unter Berücksichtigung der Seestehfähigkeit mit fröhlichen Elementen zu dekorieren und dennoch fest im und zum Bündnis zu stehen, hat das Bundesverteidigungsministerium nun auch den Nilpferden ihren Platz in der Bundeswehr zugewiesen. Erst die Nilpferde, dann die Frauen in den Dienst des Vaterlandes? Diese Frage konnte Fregattenkapitän Götz von Hohnhorst, der frühere Sprecher Marine des Verteidigungsministeriums, in seinem Beitrag allerdings nicht beantworten.

Seit Jahrzehnten war es der Adler in der deutschen Bundesdienstflagge, der den Soldaten den Verteidigungswillen und im Bündnis die Vorne-Verteidigung verdeutlichen half. In den 70er Jahren jedoch, im Zeichen der Entspannung, suchte auch der militärische Teil der Bundesrepublik in Form einer "low cost - no cost - measure" nach einem Ausweg, innenpolitisch diese Absicht zu verdeutlichen. Andererseits sollte diese Intention der Führungsmacht im Bündnis verdeckt bleiben.

Bei der Suche nach einem adäquaten Symbol, das beide Absichten verkörpern konnte, verfiel man auf den Igel, der durch sein phonetisches Synonym im englischen Sprachgebrauch es weiterhin bei der uneingeschränkten Kampfkraft des Adlers (eagle) beließ, im deutschen Sprachraum hingegen die neue Linie voll aufnahm.

Im Truppenversuch zeigte sich jedoch sehr bald schmerzlich, daß der deutsche Igel den Anforderungen an die Vorne-Verteidigung nicht gewachsen war. Nicht nur im grenznahen Gebiet - dem Schwerpunkt der Vorne-Verteidigung - ließ sich der deutsche Igel bereits in der Dämmerung von einfachen, meist unbewaffneten Mittelklassewagen überrollen und erlitt permanente Glaubwürdigkeitsdefizite für eine abschreckende und damit friedenserhaltende Vorne-Verteidigung. Auch die Erprobung in küstennahen Gewässern zeigte die fehlende Eignung dieses an sich von Seeleuten durchaus respektierten Tieres, und es mußte daher für die Vorne-Verteidigung in den Ostseezugängen als untauglich angesehen werden.

Die stärker werdende Forderung nach konventioneller Kampfkraftsteigerung im Rahmen der Vorne-Verteidigung, verbunden mit der Enthüllung durch die amerikanische Presse, daß der deutsche "Igel" nicht identisch sei mit dem amerikanischen "eagle", führte im US-Senat zu der Androhung, Truppen aus Deutschland abzuziehen.
Daher sah sich das Verteidigungsministerium gezwungen, nach einer neuen Symbolausstattung zu suchen. Die kostenlose Rückkehr zum Adler - quasi im Handumdrehen - hätte in der deutschen Öffentlichkeit die Perzeption erweckt, daß das "Air-land-battle-concept" auch in deutsche operative Überlegungen Einzug genommen hätte. Zum anderen verboten innenpolitische Akzeptanzprobleme im Bereich der deutschen Tierzuchtvereine und der Hegeringe wiederum, ein deutsches Tier zu militarisieren, zumal dann mit einer immensen Steigerung der Totalwehrdienstverweigerung zu rechnen gewesen wäre.

Im Hinblick auf eine gebotene Rücksichtnahme erschien es ratsam, auf Ressourcen der 3. Welt zurückzugreifen, nicht zuletzt zur Verbesserung des Nord-Süd-Dialogs. Ich muß wohl nicht näher erläutern, welches Tier der Welt in Frage kam, um die bedeutungsvolle Vorne-Verteidigung, die unsere Freiheit sichert, zu verdeutlichen, zumal ausführliche Recherchen im bundesdeutschen Grenzgebiet gezeigt haben, daß in den 30 Jahren der Bundeswehr nicht ein einziges Nilpferd - ganz im Gegensatz zum deutschen Igel - erfolgreich überrollt werden konnte.

Dem Elefanten, der kurzfristig landkriegsmäßige Eigenschaften für sich geltend machen konnte und deshalb ebenfalls im Gespräch war, fehlt jegliche Art von maritimer Komponente, da er als typischer Kurzlader einschlägig bekannt ist.

Nur das Nilpferd mit seinen amphibischen Eigenschaften kann innen- und außenpolitisch dem seestrategischen Auftrag im Bereich der Ostseezugänge durch sein massives Wirkungspotential und seine Seestehfähigkeit auch unter den schwierigsten Wetterbedingungen gerecht werden. Zusätzlich bringt es bei Flottenbesuchen ein fröhliches Element ein, und ist daher im Krisenmanagement zur See als unverzichtbarer Faktor einzustufen.

Noch andauernde Interoperabilitäts-Absprachen mit der Luftwaffe verbieten es mir, hier und heute von der bedeutsamen Rolle des Nilpferdes im Luftraum als abschreckendes Element der Vorne-Verteidigung zu sprechen, doch erlauben Sie mir als zukunftsweisendes Trostwort mit einem deutschen Sprichwort zu enden: "Dort, wo ein deutscher Staatsdiener hindenkt, gehen selbst Nilpferde in die Luft."

Das Nilpferd und die CSU:

NEUE HEIMAT IM WEISS-BLAUEN NIL

von Norbert Schäfer

Nicht grau, wie häufig fälschlicherweise behauptet, sondern schwarz ist das Nilpferd, und zwar so schwarz, daß als seine politische Heimat lediglich die CSU in Frage kommt. Davon geht zumindest der frühere Sprecher der CSU-Landesgruppe im Deutschen Bundestag und jetzige stellvertretende Sprecher der Bundesregierung Norbert Schäfer aus. Was das alles mit dem weiß-blauen Nil zu tun hat, lesen Sie hier. Schwarz auf Weiß.

Als erstes gilt festzustellen: Das Stammland des deutschen Nilpferdes ist Bayern. Dies ist so, weil für einen Preußen ohnehin alles Exotische der Republik in Bayern daheim ist. Im konkreten Fall gibt es auch eine Erklärung dafür: Die eigentliche Heimat des Nilpferdes ist der schwarze Erdteil. In seiner Wanderbewegung kam es in das Schwarze Meer. Das aber war ihm offenbar nicht schwarz genug, denn es zog weiter, die Donau hinauf, und kam somit schließlich nach Bayern. Dort fühlt es sich wie zu Hause und hat sich dort festgesetzt.

Dies ist die Ausgangslage für die Frage: Wie werden nun auch die Preußen des lieben Tierchens teilhaftig?

In Bonn war in den letzten Tagen zu hören, Bayern wolle sich einer bundesweiten Ausbreitung des Nilpferds entgegenstellen. Dieses weise ich hiermit entschieden zurück; denn die CSU war schon immer für die bundesweite Ausdehnung. Oder will etwa jemand ernsthaft behaupten, die CSU habe beispielsweise jemals gegen die bundesweite Ausdehnung von BMW plädiert?

In Wahrheit ist die CSU die Nilpferd-Partei schlechthin. Das ist einfach zu beweisen:
1. Wer dem Nilpferd helfen will, muß damit in seiner afrikanischen Heimat beginnen. Das Land muß entwickelt werden. Und wer stellt den Entwicklungsminister? Die CSU.
2. Der Lebensraum des Nilpferdes muß auch bei uns geordnet und gesichert werden. Wer stellt den Minister für Raumordnung? Die CSU.
3. Kleinvieh macht Mist, große Tiere wie das Nilpferd auch. Zuständig ist dafür der Landwirtschaftsminister. Wer stellt ihn? Die CSU.
4. Das Nilpferd bewegt sich in den großen Wasserstraßen unseres Landes, für die der Bundesverkehrsminister zuständig ist. Und wer stellt den Verkehrsminister? Die CSU. *(Anm. d. Setzerin: Mir wird ganz schwarz vor Augen!)*
Die letzte Tatsache ist von ganz entscheidender Bedeutung, denn der Bundesverkehrsminister ist zuständig für den Bau des Rhein-Main-Donau-Kanals.

Damit sind wir beim Thema, denn dieses Jahrhundertbauwerk ist seit seiner Fertigstellung das endgültige, dauerhafte Bindeglied zwischen Bayern und Preußen. Der Kanal ist die Voraussetzung für die Ausbreitung des Nilpferds nach Norden. Dies wird um so leichter folgen, als den Dickhäutern auf dem Weg zu den Nordlichtern das immer stärker werdende Süd-Nord-Gefälle die Wanderung erheblich erleichtern wird, ja, zum Spaziergang läßt sie es werden.

Dies ist das eigentliche Anliegen, das Bayern mit seinem Kanal verfolgt. Seit Jahren beschäftigt man sich mit dieser Frage, insbesondere hinter den verschlossenen Türen der Klausurtagungen von Kreuth. Wir haben längst einen nilpferdpolitischen Sprecher ernannt. Einzelheiten kann ich hier noch nicht bekanntgeben. Möglicherweise wird bei der nächsten Aschermittwochveranstaltung in Passau darüber mehr zu erfahren sein.

Wer besonders aufmerksam zugehört hat, konnte das Thema "Nilpferd" auch als Kern der berühmten Sonthofener Rede erkennen. Aber man hört leider nicht so genau hin, wenn sich die CSU zu Wort meldet. Immer glaubt man, Angriffe auf Bonn von ihr zu vernehmen. Dies ist ganz und gar nicht der Fall.

Ein Wort der Erklärung dazu: Wer viel arbeitet, wer Energien verbraucht, der muß viel essen, der bekommt Hunger. In der Politik ist das ähnlich. Wer so eifrig und energisch regiert, wie das in München geschieht, der entwickelt ganz natürlich einen gewissen Kohldampf. Das ist alles.

Aber zurück zum Kanal: Er ist sehr schön in die Landschaft eingepaßt. Die Nilpferde haben ihre helle Freude daran; aber auch die Angler, Paddler und die Schwimmer erfreuen sich am Rhein-Main-Donau-Kanal. Wunderschön die Badenixen, die in immer größerer Zahl auf das Oberteil des Bikinis verzichten. Eine Mode, die sich ja immer mehr in Bädern und Stränden ausbreitet, und die nicht zuletzt auch auf die fortschrittliche Politik der CSU zurückgeht. Es ist das Ergebnis des von der CSU immer wieder geforderten Vermummungsverbotes.

Rund um den Rhein-Main-Donau-Kanal also nur freundliche Perspektiven. Deshalb sollte die Diskussion endlich entkrampft werden. Derzeit verbinden sich mit dem Namen noch sehr viele unfreundliche Begriffe wie Milliardengraben, Katastrophenrinne oder "dümmstes Bauwerk seit dem Turmbau zu Babel". Das muß weg! Denn merke: Wer dem Kanal das Wasser abgräbt, gräbt auch dem Nilpferd das Wasser ab.

Man könnte das Thema am besten neutralisieren, wenn man dem Projekt einen neuen Namen gäbe, der auch das große Anliegen Nilpferd miteinschließt.

Jeder weiß, daß sich der Nil aus dem Zusammenfluß des weißen und des blauen Niles bildet. Ich muß hier sicher keinen großen Ausflug in die Heraldik unternehmen, um Ihnen darzutun, daß die Farben weiß-blau für Bayern stehen, für den weißblauen Freistaat. Ich schlage deshalb vor, den Rhein-Main-Donau-Kanal umzutaufen in den "Weiß-Blauen-Nil", und bitte um Ihre Unterstützung.

Wer nicht im Sumpf untergehen will, in den parlamentarische Untersuchungsausschüsse nun mal eintauchen müssen, der muß sich dem Leben in sumpfigem Gelände angepaßt haben. Für den untersuchungsausschußerfahrenen Bundestagsabgeordneten Otto Schily steht es daher außer Frage: Nilpferden muß in parlamentarischen Untersuchungsausschüssen künftig das Fragerecht eingeräumt werden.

Das Nilpferd im Untersuchungsaussch
DICKE HAUT UND GROSSES MAU

von Otto Schily, M

Nach dem internationalen Schwartenschutzabkommen in Verbindung mit den Vorschriften der Strafenverkehrsordnung und in analoger Anwendung der Europäischen Menschenpflichtskollision steht fraglos das fragliche Fragerecht für Nilpferde außer Frage, weil die Nilpferde zu den Dickhäutern gehören, ein großes Maul und sich dem Leben in sumpfigem Gelände angepaßt haben, wodurch sie instandgesetzt sind, notfalls auch den Sturz in Jauchegruben zu überleben, was, wie wir spätestens aus jüngsten Forschungsergebnissen wissen, unabdingbare Voraussetzungen für die aktive Mitwirkung in parlamentarischen Untersuchungsausschüssen sind.

Ob unter erbrechtlichen Gesichtspunkten die stammesgeschichtliche Verwandtschaft der Nilpferde mit der Familie der Schweine eine andere Beurteilung rechtfertigt, ist in der Rechtslehre und Rechtschreibung äußerst umstritten. Immerhin sollten die Vertreter der konservativen Rechtsschule nicht übersehen, daß Nilpferde Pflanzenfresser, aber keine Wiederkäuer sind. Die besonderen Begabungen des Nilpferdes lassen es im übrigen als gerechtfertigt erscheinen, daß es auch dann ein Fragerecht hat, wenn es im Untersuchungsausschuß nur als Zeuge fungiert. Andernfalls wäre zu befürchten, daß große Tiere nicht mehr nach der Orwellschen Grundregel behandelt werden, wonach alle Tiere gleich sind, aber manche gleicher als die anderen.

Sie werden es mir gewiß nachsehen, daß ich als gelernter Berliner an dieser Stelle des verblichenen Berliner Nilpferdes Knautschke gedenke, das seinem Namen sicherlich alle Ehre gemacht hätte, wenn es ihm vergönnt gewesen wäre, an der zweijährigen Arbeit des Flick-Untersuchungsausschusses teilzunehmen. Der nilpferdpolitische Sprecher der Grünen, Heinz Suhr, findet diese Feststellung zwar unangebracht unter Hinweis auf das alte lateinische Sprichwort "De mortuis Nil nisi bene", jedoch dürfen, wie ich meine, auch in einer streng wissenschaftlich-juristischen Abhandlung die aktuellen Bezüge nicht fehlen.

DAS NILPFERD IN DER GESELLSCHAFT

"Die Crème der Gesellschaft ist meistens fett," hat Jean Cau gesagt. Das Hippopotamus socialis kann er natürlich nicht gemeint haben, denn das ist keineswegs fett, sondern nur schwergewichtig. Und das ist doch wohl ein schwerwiegender Unterschied. Daß das Nilpferd zwar Vegetarier, dafür aber gesellschaftlicher Nonkonformist ist, zeigt nicht nur dieses Bild. Das zeigen auch die folgenden Beiträge.

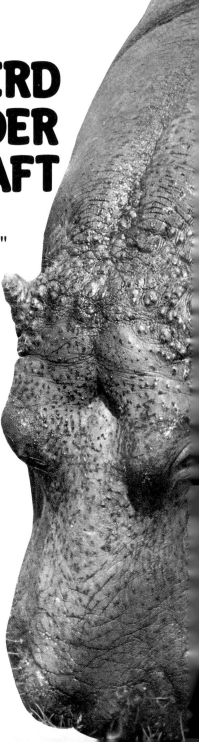

Das Nilpferd im Polizeidienst:
BÜRGERFREUNDLICH UND KNÖLLCHENFEINDLICH

von Hans-Werner Hamacher
Landeskriminaldirektor a.

Lange Zeit hat die nordrheinwestfälische Polizei dieses Geheimnis so sorgsam gehütet wie eine Wiederaufarbeitungsanlage, exklusiv für uns hat es der ehemalige Direktor des Landeskriminalamtes Nordrhein-Westfalen, Hans-Werner Hamacher, nun endlich enthüllt: Im Dienste der nordrhein-westfälischen Polizei ist schon seit längerer Zeit ein Nilpferd segensreich tätig.

Diese Maßnahme bedurfte aus verschiedenen Gründen - bis in die jüngste Vergangenheit hinein - der Geheimhaltung. Dies insbesondere wg. einer besonderen Spezies von Umweltschützern. Denn: Wo unser neuer Mitarbeiter hintritt, wächst kein Gras mehr. Das hätte möglicherweise zu Protesten von "Grün-Schützern" geführt und den Einsatz des Polizei-Nutztieres sehr erschwert. Zudem wies bisher der Polizei-Etat keine Planstelle für ein Nilpferd aus. So mußten wir den Mitläufer im Titel für Polizeipferde unterbringen. Die daraus zustehenden Hafer-Zuteilungen bedurften - unter Umgehung der strengen Bestimmungen - der Umwandlung in artgerechte Verpflegung.

Schließlich mußte noch eine Lösung gefunden werden, um den Computer der Landesbesoldungsstelle zu überlisten. Dieser hätte sicher die Angabe "Nilpferd" als Besoldungsempfänger mit zornigem Blinken zurückgewiesen. Daher wurde der neue Team-Gefährte mit dem Tarnnamen "Rhein-Pony" angemeldet (bei amtlichen Nachfragen wird "Pony" als Vorname angegeben). Mit diesem Kunstgriff gelang es auch, die Kontrollen des Landesrechnungshofes zu überlisten.

Alle diese Schwierigkeiten haben wir überwunden. Denn wir wollten keinesfalls auf die Mitarbeit des Flußbewohners verzichten. Das Nilpferd zwingt zu bürgerfreundlichem Verhalten, fördert damit die Zielsetzung "Die Polizei - Dein Freund und Helfer" ungemein und erzielt allein schon durch seine bloße Existenz eine erhebliche erzieherische Wirkung.
So ist das Nilpferd u.a. des Schreibens unkundig und daher außerstande, "Knöllchen" auszustellen. Das allein trägt schon zur Sympathiewerbung bei. Es kommt aber hinzu, daß es nur mit Mühe in einem Polizeistreifenwagen Platz findet. Daher sind die Begleitbeamten zu vermehrten Fußstreifen genötigt. Das verbessert den Kontakt zu den Bürgern erheblich.

Ferner ist das Nilpferd durch seine Gestalt kaum tarnbar. Es ist daher unfähig, am Aufbau von Radarfallen oder gar bei versteckten Einsätzen mitzuwirken. Es begegnet dem Bürger so immer erkennbar als staatlicher Hoheitsträger - sozusagen mit offenem Visier.

Auch läßt der durchweg freundliche Gesichtsausdruck des Tieres kaum erwarten, daß es durch die Forderung nach einem Vermummungsverbot den Parteienstreit fördern könnte. Bei Großveranstaltungen und friedlichen Demonstrationen hat es seine Eignung als Sperr- und Räummittel in vielfacher Hinsicht unter Beweis gestellt. Und zwar in unerschütterlicher Ruhe, Standfestigkeit und erkennbarer Gleichmütigkeit. Das gelegentliche Blinzeln ließ sogar des öfteren bei Demonstranten den Eindruck entstehen, das polizeiliche Hilfsmittel sympathisiere mit ihnen, und half so mit, aufkommende Aggressionen abzubauen.

Die Erfahrungen bei Großeinsätzen sind so gut, daß derzeit Überlegungen angestellt werden, zur Verstärkung auch ein oder zwei Elefanten anzuheuern, um den Begriff "Wasserwerfer" mit einem neuen, bürgerfreundlichen Begriffsinhalt anzufüllen.

Auch im innerdienstlichen Betrieb hat das Nilpferd seinen Platz und seine Anerkennung gefunden. Die jungen Polizeibeamten sind dankbar für jeden, der von Zeit zu Zeit einmal das Maul aufreißt. Dabei kann das Nilpferd kaum einmal in ein Fettnäpfchen treten. Wenn schon, dann müßte es sich um ausgewachsene Fett-Tröge handeln, die wir Menschen auch bei nur geringer Aufmerksamkeit leicht umgehen können.

Sollte es jedoch einmal auf Zeichen des Unmuts, auf Kritik oder nachhaltige Gegenvorstellungen stoßen, so kann es diese wg. seiner dicken Haut ungerührt wegstecken. Schließlich erweckt es durch Aussehen und Gesichtsausdruck Mitgefühl und erzielt damit mühelos den oft erstrebten Mitleidseffekt, der bei Forderungen nach besserer Entlohnung für alle oder beim Vorbringen von Ausreden nach "Pannen" durchaus nützlich eingesetzt werden kann.

Ihre Papiere, wenn'S bitte so freundlich sein wollen!

Polizeimitarbeiter "Rhein-Pony"

Das Nilpferd als Suchtauslöser:

DIE CHRONISCH REZIDIVIERENDE MEGALOHIPPOPOTAMOMANIE

von Michael Bokler

Ist Hippopotamophilie krankhaft? Diese Frage stellt sich dem unbefangenen Leser dieses Buches ganz zwangsläufig, und genau so zwangsläufig folgt die Antwort: Im Prinzip nein, aber...! Bedenklich wird es erst, wenn sich die Psychozoonose zu einer Megalohippopotamomanie entwickelt, dann spätestens ist schnelles Eingreifen geboten. Der bekannte Bonner Psychozoonotiker Michael Bokler empfiehlt in solchen Fällen die Mythotherapie, mit der allen Autorinnen und Autoren dieses Buches schnell und unbürokratisch geholfen werden kann.

Hippopotamomanie oder Nilpferdsucht ist die krankhafte Variante der Hippopotamophilie, also der harmlosen Freundschaft zum bzw. der Vorliebe fürs Nilpferd. Die Krankheit ist eine Psychozoonose mit spezifischem Krankheitsbild, dem hippopotamomanischen Syndrom - meist chronisch rezidivierend, zumal in ihrer bedrohlichen Form, der Megalohippopotamomanie. *(Anm. d. Setzerin: Sch...-Wort!)*

Die Patienten zeigen alle Symptome manisch depressiven Irreseins. Sie denken, reden, träumen nur noch von Nilpferden. Phasen hippopotamomanischer Euphorie wechseln scheinbar ohne äußeren Anlaß mit Schüben tiefgreifender Depressionen.

Die Krankheit ist progredient und führt im Spätstadium zu einer schweren Identitätskrise des Patienten, der zunächst nicht mehr weiß, ob er noch Mensch oder schon selbst Nilpferd geworden ist.

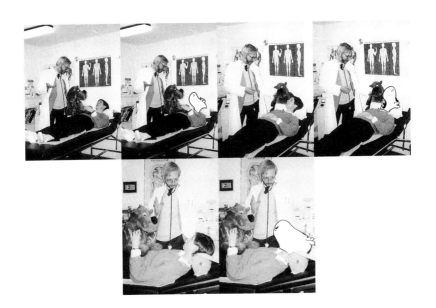

Im Endstadium sind die Zweifel ausgeräumt, der Kranke ist davon überzeugt, daß er ein Nilpferd ist, und verhält sich entsprechend, mit allen schrecklichen Konsequenzen am Arbeitsplatz wie auch im Familienleben.

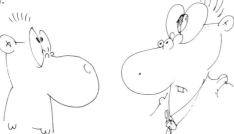

Ich erinnere nur daran, daß das männliche Nilpferd extrem polygam veranlagt ist und danach strebt, als Leittier einer Herde von ausschließlich weiblichen Nilpferden - darunter in aller Regel engste Verwandte wie Großmütter, Töchter, Enkelinnen und Schwestern - als unumschränkter Herrscher dieser Gruppe zu agieren und sein Kopulationsprivileg gegenüber allen Herdenmitgliedern in nachgerade maßloser Form auszuüben.

Hier wird das Inzesttabu radikal durchbrochen.
Und seit Freud wissen wir, daß ein solches Verhalten selbst bei Naturvölkern allenfalls Göttern und Schamanen zugestanden wird. Der Kranke, der sich als Nilpferdbulle empfindet, gleicht insoweit jenem Fabelwesen aus der altägyptischen Mythologie, das, halb Mensch, halb Nilpferd, als Gottheit verehrt wurde, und für das, ebenso wie für die Mitglieder der Pharaonenfamilien, das Inzesttabu nicht galt.
Hier aber, genau in der altägyptischen Mythologie, liegt auch der Schlüssel zur Heilung der Hippopotamomanen. Bemerkenswerte Erfolge konnten bereits erzielt werden mit Hilfe der Anwendung eines Verfahrens, dem die Schulmedizin beklagenswerterweise immer noch die Anerkennung versagt. Ich meine die Mythotherapie nach Dreiske.

Dabei tun die Verfechter dieser Therapie eigentlich nichts anderes, als ein uraltes und seit Menschengedenken bewährtes Hausmittel anzuwenden: nämlich die Heilung durch das Erzählen von Märchen und Mythen.

Jeder weiß, welch beruhigende Wirkung das Vorlesen aus dem Märchen- und Sagenbuch auf verwirrte Kinder ausübt. Die gleiche Wirkung haben wir Mythotherapeuten in hundertfacher Weise bei unseren hippopotamomanischen Patienten beobachten können. Natürlich gilt es, die richtigen Märchen und Mythen zu erzählen, in einer der Krankheit adäquaten Form. Für eine erfolgreiche Rehabilitation Hippopotamomaner erfordert dies folglich, daß wir den Sagen- und Märchenschatz, der von bedeutenden Mythensammlern wie den Gebrüdern Grimm, Bechstein u. a. überliefert wurde, den spezifischen Bedürfnissen der Kranken anpassen.

Es versteht sich also, daß bei der Mythotherapie Hippopotamomaner verwunschene Prinzen nicht in der Form von Fröschen zu erscheinen haben, sondern als Nilpferde.

Besonders bewährt in der Hippopotamomanie-Therapie haben sich folgende, entsprechend adaptierte Märchen und Sagen: "Der Wolf und die sieben Nilpferdbabys", "Der Wettlauf zwischen Hase und Nilpferd", "Die Prinzessin und der Nilpferdtöter", "Rotkäppchen und das böse Nilpferd".

Bei humanistisch vorgebildeten Patienten empfehlen sich griechische Sagen wie "Die Geschichte vom trojanischen Nilpferd". Auch "Gullivers Reisen ins Nilpferdreich" hat durchaus schöne Erfolge gezeigt. Im norddeutschen Raum waren wir sehr zufrieden mit der Wirkung von Erzählungen wie "Die Bremer Stadtnilpferde" und "Der Nilpferdsänger von Hameln". Noch im Versuchsstadium befindet sich das "Tischlein-deck-dich-Nilpferd-streck-dich-Knüppel-aus-dem-Sack".

Wir Mythotherapeuten gehen freilich noch einen Schritt weiter. Wir erzählen den Patienten nicht nur Märchen, wir lassen sie selbst Mythen und Sagen rund ums Nilpferd erfinden, erzählen und aufschreiben. Der Kranke soll sich das Nilpferd von der Seele reden können. Er soll durch kreative Mythogenese psychisch entlastet werden. Ich bin stolz darauf, hier ankündigen zu können, daß ein erstes Bändchen mit selbsterfundenen Nilpferdmythen genesener Hippopotamomanen demnächst in Druck geht. Theoretisch Interessierte verweise ich im übrigen auf meine Arbeit "Die Mythotherapie im Spannungsfeld zwschen Akupunktur und Interpunktion."

Das Nilpferd in der Diplomatie:
MIT UNNACHAHMLICHER ELEGANZ INS FETTNÄPFCHEN

von Henry Korn

Kennen sie den Unterschied zwischen einem Nilpferd und einem Diplomaten? Nein? Im zweiten Absatz dieser Abhandlung erfahren Sie ihn. Damit Sie aber auch wissen, welche Gemeinsamkeiten Nilpferd und Diplomat haben, sollten Sie den ersten Absatz nicht überlesen. Und im übrigen: Aller guten Absätze sind drei. Die kurz und bündige dreiteilige Betrachtung der Beziehungen zwischen Hippopotamus und Diplomatus verdanken wir Henry Korn, seines Zeichens Botschaftsrat an der kanadischen Botschaft in Bonn.

Die Relevanz des Nilpferdes für die Diplomatie ist natürlich ganz klar: Zu den Talenten, die von einem Diplomaten erwartet werden, gehört unter anderem die Fähigkeit, die Politik seines Landes gegenüber anderen Regierungen, ob befreundet oder noch nicht befreundet, zartfühlend, ausgewogen, aber dennoch bestimmt zu vertreten. Das Nilpferd und den Diplomaten verbinden Serenität und Seriosität, die im Einklang stehen mit unnachahmlicher Eleganz der Formgebung und geschmeidigen Formulierungen. Diplomat und Nilpferd sollen die Gewichtigkeit eines jeden Themas unverwässert an die scheinbare Oberfläche bringen.

Ich betone jedoch, daß wir Diplomaten uns in einem vom Nilpferd unterscheiden: Wir besitzen zwei Füße weniger, was uns daran hindert, in zweimal so viele Fettnäpfchen zu treten.

Im Wasser erinnert das Nilpferd an manch einen Kollegen, der unerwartet, ohne die geringste Vorahnung, plötzlich in einer Krisensituation steckt. Ich erinnere mich sehr gut an meine Trainingsjahre als junger Attaché, als es hieß: Benimm Dich wie ein Nilpferd! Laß Dich nur zu einem Fünftel sehen, behalte die Ruhe auf der Oberfläche, versuche den kleinen Vogel auf Deinem Rücken vorübergehend zu verscheuchen, dann wird keiner merken, daß Du ganz dick im Schlamm steckst!

DAS NILPFERD IN DER KULTUR

Kultur ist Liebe zur Vollkommenheit. Ich bin vollkommen. Also bin ich Kultur. Oder Liebe. Oder **was**....!?!

DER NIL KOMMT

Zweiakter von Eugene O'Nil

1. Akt

Bühnenbild: Ein wüstes Nichts

Das Nilpferd Beckett kommt von rechts ins Bild und bleibt regungslos stehen. Eine Stimme aus dem Hintergrund ertönt:

"Auf wen wartest du?"

Beckett:

Auf den Eismann.... *(Zögern)*

...nein, auf Godot... *(ärgerliches Grummeln)*

...nein, auf den Nil!

Hintergrundstimme *(und leise anschwellendes Geräusch)*:

Glaubst du denn, daß er kommt?

Beckett freudig:

Ja, da ist er schon!

Im Nu ist die Bühne überschwemmt. Die Fluten ergießen sich in den Zuschauerraum. Die Zuschauer ertrinken.

2. Akt

Der weite Nil. Das Nilpferd Beckett schwimmt vergnügt im Wasser und prustet:

Warum wollten die auch zuschauen, wie der Nil kommt.

SCHLOSS MOYLAND UND SEINE NILPFERDE

von Klaus Friedrich

Einleitender Hinweis des Verfassers:
Das Buch "Unbekannte und curiose Geschichten aus der niederrheinischen Heimat" von P.C. Zyfflich, erschienen 1912 zu Xanten, enthält unter anderem eine Erzählung über die Moyländer Nilpferde. Leider enthält das Buch keine Quellenangaben. Nach ausführlichem Studium von Sekundärliteratur und historischen Nachweisen wurde es möglich, die Wahrheit dieser Geschichte zu bestätigen. Nachfolgend nun eine Zusammenfassung der Geschichte mit Hinweisen auf die jeweiligen Quellen.

Schloß Moyland, das von einem nahezu quadratischen Weiher umgeben ist, liegt in einem regelmäßig angelegten, teilweise heute noch erhaltenen System von Wassergräben und Alleen an der Straße von Kalkar nach Kleve. Urkundlich erwähnt wurde das Schloß erstmals 1307, als es von Graf Otto von Kleve an Jacob von Eger in Erbpacht übergeben wurde. Von da an wechselte Moyland mehrfach den Besitzer, bis es 1662 in das Eigentum des niederländischen Generalleutnant, Alexander Freiherr van Spaen überging, dessen Sohn es 1695 an Friedrich III. von Brandenburg verkaufte. (1)

Seit 1673 sind auf Moyland Nilpferde nachgewiesen. Die Tiere, die in der Umgebung des Schlosses nahezu ideale Lebensbedingungen vorfanden, verdanken ihr Dasein der Freiin van Spaen, die einige Jungtiere von einer Afrikareise mitbrachte und dank ihrer fürsorglichen Pflege, die sie diesen Tieren angedeihen ließ, einen für die damalige Zeit erstaunlichen Erfolg auf dem in Europa weitgehend noch unbekannten Gebiet der Nilpferdzüchtung vorweisen konnte. Zwei afrikanische Nilpferdhirten und neun in Huisberden und Grieth angeworbene Knechte standen ausschließlich für die Betreuung dieser Herde in Lohn. Den Großteil des Jahres verbrachten die Nilpferde im Freien, wo sie ungehinderten Auslauf hatten und lediglich durch Einfriedungen am Betreten des südöstlich gelegenen Barockgartens gehindert wurden. Sie überwinterten in weiträumigen, geheizten (!) Stallungen im Osten der Anlage: (2) + (3)

Ein berühmtes Ereignis führte zum Untergang der Moyländer Nilpferdherde. Nach dem Tode seines Vaters übernahm Friedrich als König Friedrich II. von Preußen die Regierungsgeschäfte und bereiste seine Lande. Von Wesel aus wollte er nach Antwerpen fahren, um sich dort mit Voltaire, mit dem er seit 1736 im Briefwechsel stand, zu treffen. Ein Wechselfieber veranlaßte Friedrich jedoch, Voltaire zu sich zu bitten und so begegneten sich die beiden zum ersten Male am 11. September 1740 auf Schloß Moyland. (4) Dort, im Spaenschen Zimmer, las Voltaire dem König und dessen Gesellschaft aus seinem "Mahomet" vor. Zwischendrin trat man an die Fenster und blickte auf die Umgebung des Schlosses. Friedrich II. zeigte auf die Nilpferde und bemerkte: "Ne sont-ils pas laids, ces chevaux?", worauf Voltaire entgegnete: "Ce ne sont pas des chevaux, Sire, ce sont des hippopotames!" (5)

Dem König derart zu widersprechen, war ein Affront. Dies um so mehr, da Friedrich II. auf Kritiken, auch dieser Art, überaus ungnädig reagierte. Zwar ließ er selbst keine Gelegenheit aus, beißenden Spott über seine Mitmenschen und deren großen wie auch kleinen Fehler auszugießen, konnte es aber - empfindlich und eitel wie er war - nicht vertragen, wenn andere sein Im-Gespräch-sich-Produzieren durch kritische Einwände unterbrachen. (6)

In seiner nachtragenden Art vergaß Friedrich diese Begebenheit zeit seines Lebens nicht mehr. Für die Trennung von Voltaire viele Jahre später war diese kleine Episode bereits der Beginn, auch wenn die beiden am nächsten Morgen "mit den ausgesuchtesten Worten gegenseitiger Wertschätzung und der Beteuerung ewiger Freundschaft" voneinander Abschied nahmen. (5) Am betrüblichsten waren die Folgen für die Moyländer Nilpferde. Eigenhändig strich Friedrich die Kosten für die Tierknechte von je 19 Thalern jährlich und für die tägliche Futterration von 15 Groschen für 17 Malter Heu. (7) Sich selbst überlassen, verließen die Tiere Schloß Moyland. Später tauchte das eine oder andere Nilpferd in der Nähe eines Dorfes auf, wurde dann aber sofort von den Bauern, die um ihre Ernte fürchteten, verjagt.
Nachweislich wurde zum letzten Male 1753 ein Nilpferd bei Niedermörmter gesichtet. (3)

Die "häßlichen" Nilpferde hatte Friedrich II. erneut vor Augen, als er
- nach dem Sieg über die Franzosen und die Reichsarmee bei Roßbach dichtete:
"Ah! quel spectacle a plus de charmes
Que le c... dodu des heros" (8)
- in seiner Umgebung nur noch schlanke Windhunde duldete (9) und
- 1766 Schloß Moyland an Adrian Freiherr von Steengracht verkaufte. (1)

QUELLEN UND LITERATURANGABEN

(1) "Die Denkmäler des Rheinlandes"
Kreis Kleve 5 Rheinland-Verlag L. Schwann Verlag Düsseldorf 1970

(2) "La histoire du Baron de Spaen"
Band 2 Verf. W. von Westerhuys, Amsterdam 1782

(3) "De Animalibus Africae in Europa"
anonym, dt. Ausgabe Heidelberg 1793 übers. von Prof. Dr. H. Boorstein in "Hefte vom Niederrhein" Jahrgang 1889, Heft 3

(4) "Friedrich der Große"
Katalog der Ausstellung anläßlich des 200. Todestages König Friedrich II. von Preußen. 2. durchgesehene Auflage

(5) Übers. "Sind diese Pferde nicht häßlich?"
"Das sind keine Pferde, Sire, das sind Nilpferde!"
"Briefe eines Gesanten an seine Familie"
H. von Knypstein, Berlin 1787

(6) "Preußens Friedrich und die Deutschen"
Rudolf Augstein, Fischer-Taschenbuch 1212, 1971

(7) "Beiträge zur sozialen Struktur des Kreises Kleve im 18. Jahrhundert"
G. Stünzel in "Hefte vom Niederrhein", Jahrgang 1909, Heft 7

(8) Übers. "Kein schönerer Anblick auf der Welt als der fette Hintern von Helden" in Oe. 12. 71; die Wilhelmische Übersetzung in "Werke..." t.X.p. 148

(9) "Der Alte Fritz in 50 Bildern"
R. Knötel und V. Röchling. Die bibliophilen Taschenbücher Nr. 276, 2. Aufl. 1983, Harenberg Verlag

Das Nilpferd als Lesezeichen:

NATÜRLICHER LEBENSRAUM AUF SEITE 86

von Rolf Schmidt-Holtz

Da Fitislaubsänger, Gnu und Milbe für das Lesen nichts, aber auch gar nichts getan haben, warf sich das Gütersloher Nilpferd mit seinem ganzen Gewicht in die Bresche. Der Erfolg ist - wer hätte es auch anders erwartet - nicht zu überlesen, wie der frühere Bertelsmann-Sprecher und jetzige "Stern"-Herausgeber Rolf Schmidt-Holz mit eindrucksvollen Skizzen belegt.

Als 1835 noch niemand ans Nilpferd dachte, da hat der Gütersloher Drucker Karl Bertelsmann die entscheidende Tat begangen: Er kaufte sich eine Steindruckpresse und druckte. Dadurch hat er sich selbst, das ist das Wichtige, weitblickend, wie er war, von einer anderen Pioniertat abgehalten, die auf der Hand gelegen hätte: Er legte die Gütersloher Sümpfe nicht trocken, was mit Sicherheit für die ebenfalls weltberühmten Gütersloher Nilpferde das Aussterben bedeutet hätte.

So aber leben heute in freier Gütersloher Sumpfbahn Millionen von Nilpferden in unseren Sümpfen, frei atmend. Im Osten bewacht vom Kommunismus, im Süden durchs katholische Paderborn, im Norden durch die Lüneburger Wüste und im Westen durch den Smog. Ein idealer Ort also.

Und diese unsere Freunde werden also jetzt ihrer eigentlichen Bestimmung zugeführt, sie dienen als Lesezeichen. Denn schließlich wäre das Lesen schlechthin ohne den Kulturträger Nilpferd einfach nicht denkbar. Oder meinen Sie etwa, der Fitislaubsänger, das Gnu oder die Milbe hätten mehr fürs Lesen getan? Na bitte!

Zunächst hatten wir leichte Bedenken, ob sich das Nilpferd wohl in der trockenen Papierumhüllung eines Buches wohlfühlen könnte. Bei der näheren Prüfung der Literatur aber stellten wir fest, daß viele Bücher erfreulicherweise so triefen, von Langeweile bis Spannung, von Belehrung bis Moral, daß das Nilpferd praktisch seinen natürlichen Lebensraum wiederfindet.

Es kam vom Sumpf unter Umgehung des Regens praktisch genau in die Triefe, Entschuldigung: die Traufe.

Unschlagbar aber ist das Nilpferd als Lesezeichen in seiner Vielseitigkeit. Zum ersten Male in der Welt enthülle ich hier den Stand unserer Entwicklungsarbeit, das Ergebnis von 150 Jahren Lesezeichen-Kultur-Entwicklung aus unseren Forschungslabors. Absolute Geheimhaltung setze ich voraus.

Hier sehen Sie den Lesezeichen-Typ 1 oder auch Grundtyp genannt. Es erwies sich sehr benutzerfreundlich, weil es dem schnellen Zugriff eines gierigen Lesers durchaus widerstand. Für die Laien von Ihnen: Das Buch sieht man nicht. Es liegt aufgeschlagen auf Seite 86 unter dem Nilpferd.

Hier sehen Sie schon einen gewaltigen Entwicklungssprung hin zur Eleganz. Sie sehen das Lesezeichen für das Haus und den Leser mit Stil. Aber das war noch nicht das Ende. Wir sind weiter vorangeschritten und haben die Angewohnheiten unserer Leser ins Auge gefaßt.

Die Angewohnheit vieler Leser, das Buch geschlossen abzulegen, führt bei schwerer Literatur zu Atembeschwerden des Lesezeichens. Deshalb unsere strenge Bitte: Nie den Verschluß verschließen!

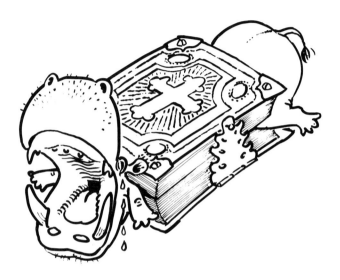

In der nächsten Entwicklungsstufe sehen Sie, daß sich das Nilpferd im Taschenbuch oder Paperback sehr wohl fühlt, sofern Mindestqualitäten an Druck und Layout nicht unterschritten werden. Wer wohnt schon gerne in einer Bruchbude?

Jetzt sind wir schon weit vorangeschritten. Sie sehen, die einzige Schwierigkeit haben wir mit der Möbelindustrie. Allerdings sind unsere Kontakte ausgezeichnet.

Eine gewisse Unterniveaustellung soll aufgebessert werden, indem heute bereits kleine Nachrüstsätze für die niveaulosen Nachtkästchen angeboten werden.

Hat der Leser das Buch zu Ende, sollte unser Nilpferd, unser Lesezeichen, wie das gute Buch einfach zur Familie gehören.

Als Slogan im Sinne der Leseförderung, der Kulturentwicklung, haben wir für unseren direkt werbenden Außendienst den Slogan entwickelt: "Soll das Nilpferd nicht verbleichen, bestell' es Dir als Lesezeichen".

HIPPOPOTAMOSOPHIE AUS DER SICHT MATERIALISTISCHER DIALEKTIK AUF DER GRUNDLAGE DER DÖLLESCHEN ERKENNTNISSE VON JOCHEN MOSHABER

von Karl H. Bönner

Dialektisches Denken kann sich der Mühe nicht entschlagen, auf den Begriff zu bringen, was unreflektiert als Interesse hinter der Hippopotamosophie steht und ständig danach strebt, auf jeden dogmatischen Vers den dezisionistischen Reim zu finden; zumal wer sich in solcher Weise den Anforderungen der Ratio entzieht, sich gezwungen sehen muß, die rationale Diskussion an den Grenzen des bloßen Verstandesdenkens stillzustellen (vgl. Habermas, J., Theorie und Praxis, Neuwied/Berlin 1963). Das jedenfalls meint Prof. Dr. Karl H. Bönner, seines Zeichens Soziologe und eben auch Hippopotamosoph, zu Recht. Oder etwa nicht?

Wir geraten nur zu leicht in Gefahr, bei der Beschäftigung mit dem Nilpferd den Schwierigkeiten bürgerlich-apologetischen Denkens und damit dem Zauber der Heideggerschen Seinsmystik zu verfallen, wodurch übersehen wird, daß das Nilpferd ein eminent gesellschaftliches Phänomen darstellt, das im feudalen System der Pharaonen - wie des Freistaates - einen gänzlich anderen Stellenwert hatte als im Spätkapitalismus rheinischer Prägung und wiederum einen neuen Stellenwert erhalten wird in der sozialistischen Zukunftsgesellschaft, was völlig übersehen wird in den naiv-süffisanten Versuchen in dem hier vorliegenden Werk, in denen einfach nicht Farbe bekannt wird.

Es kommt nämlich zuerst einmal darauf an, den Klassenstandpunkt zu benennen, von dem aus das Verhältnis zum Nilpferd und damit zugleich der ideologische Überbau sichtbar zu werden vermag. Es kommt diesen bürgerlichen Schreiberlingen nicht in den Sinn, daß das Nilpferd in seinem realen oder ideellen Daseinszweck nur von den Produktionsverhältnissen her zu begreifen ist, so daß der unvermittelte Sprung von der Wahrheitsproblematik zur Umweltproblematik (Main-Donau-Kanal; grüner oder blauer Nil) ohne Reflektion auf den Stellenwert der Produktionsverhältnisse das vulgärökonomische Denken offenbart, das sich nicht dazu verstehen kann, den Klassenwiderspruch ins Blickfeld zu bringen, der erst verdeutlicht, daß die Darlegungen nicht der Vertiefung hippopotamosophischer Erkenntnisse dienen, sondern als Ausdruck rein ökonomischer Interessen zu enthüllen sind.

Die Erfahrungswissenschaft bürgerlicher Prägung sucht die ökonomischen Interessen aus der Verfügungsgewalt rationaler Erörterung überhaupt zu entlassen, sie sieht sich nicht mehr in Nilpferd-Fragen einer rationalen Entscheidungs-Instanz verpflichtet, sondern ergänzt die platte Empirie des Positivismus durch eine ins Reaktionäre gewendete Tiefenhermeneutik, die sich dieser Verbrüderung nicht einmal zu schämen vermag und entzieht damit in einem logischen Zwang dem Nilpferd die Daseins-Basis des Materiellen und flüchtet in einen Neo-Hegelianismus, ohne in der Lage zu sein, diese Tatsache auch zu diagnostizieren.

Freilich gibt es - und dieser Band beweist es - auch redliche Neo-Positivisten, denen die dargestellte Perspektive den Atem raubt, welche die dezisionistische Form der Irrationalität erkennen, durch die sie verstrickt werden, doch vermag die eindimensionale formale Logik, die sie der dialektischen Sicht entgegensetzen, sie nicht aus den Widersprüchen zu retten, da sie in Begriffen denken, die nicht der Sache selbst, also dem Nilpferd entstammen, sondern ein Waren-Denken offenbaren, das zur Denk-Ware gerinnt, während das Bewußtsein der arbeitenden Klasse und der mit ihr verbündeten fortschrittlichen Intelligenz den Schein durchschaut und revolutionäre Konsequenzen zieht, indem sie den in der kapitalistischen Gesellschaft artifiziell produzierten Schein-Widerspruch erkennt und mit dem Nilpferd fraternisiert.

Das erkenntnisleitende Interesse muß uns dazu führen, die durch den Waren-Charakter menschlicher Arbeit erzeugte menschenunwürdige Einsamkeit zu durchbrechen und zum Prinzip der Duplizität zu finden, das uns nicht die idealistische Hülle als bare Münze nehmen läßt. Erinnern wir uns an Karl Marx, der uns in seinem revolutionären Denken voranging:

"Für Hegel ist der Denkprozeß, den er sogar unter dem Namen Idee in ein selbständiges Subjekt verwandelt, der Demirug des Wirklichen, das nur seine äußere Erscheinung bildet. Bei mir ist umgekehrt das Ideelle nichts andres als das im Menschenkopf umgesetzte und übersetzte Materielle" (Karl Marx, Das Kapital, Erster Band, Berlin 1955, S. 18).

Sollte nicht auch uns das Nilpferd im dialektischen Sinne das aus dem Materiellen umgesetzte Ideelle sein und bleiben? So folge der Hippopotamosoph dem Wort des großen Dante:

"Segui il tuo corso, e lascia dir le genti!" (Geh' deinen Weg und laß die Leute reden!)

Ein Zeitdokument:

BRIEFWECHSEL MIT LINA

von Johannes Rau

Das einladendste Bundesland dieser Republik ist Nordrhein-Westfalen nicht unbedingt, sicherlich aber eines der einladungsfreudigsten. Zu allen nur denkbaren Gelegenheiten laden die Rhein-, Ruhr- und Lippeländer erstens Gott und die Welt ein und zweitens auch noch ihren populären Landesvater. Niemand, so scheint es, mag auf die Dienste von Ministerpräsident Johannes Rau als Fest-V.I.P. verzichten. Ob nun der Kegelclub "Raue Jungs" oder der Abmahnungsverein "Raue Sitten", ob die Ringergilde "Raufen 04 e.V." oder der MGV "Raukehlchen", ob der Dortmunder Fußball-Fanclub "Rau-Ball" oder die Rockgruppe "The Raureifers" aus Wanne-Eickel - sie alle wollen ihn: Rau, aber herzlich. Selbst die Ahlener Anstreicher-Innung hat ihn kürzlich gebeten, auf ihrem Rau-Faser-Ball das Rau-Bein zu schwingen. Was aber mag in Johannes Rau vorgegangen sein, als er - ausgerechnet er - die Einladung eines abstrusen Clubs der Nilpferdfreunde erhielt, auf einer Ausstellung - man stelle sich vor: von Nilpferden - den Festvortrag zu halten? Doch hören wir selbst.

Ein Ministerpräsident, meine Damen und Herren, bekommt viele Einladungen. Nicht jede kann er annehmen, auch wenn sie so verlockend ist wie Ihre Bitte an mich, zur Eröffnung Ihrer Sonderausstellung zu sprechen. Wer im öffentlichen Leben steht, hat mancherlei Rücksichten zu nehmen, er hat mancherlei Bedenken zu berücksichtigen. Bei jeder Einladung brechen ganze Beraterstäbe in hektische Betriebsamkeit aus.

Ich suche in solchen Fällen gern den Rat meiner alten, schon zitierten Freundin Lina aus meiner Heimatstadt, des einzigen Nilpferdes, das Konrad Adenauer persönlich gekannt hat. Wenn er mit seinen Enkeln Hellabrunn besuchte, hatten sie intensiven Gedankenaustausch, und ich möchte Ihnen die wesentlichen Passagen aus unserem Briefwechsel, Ihre Einladung betreffend, zitieren. Auf meine diesbezügliche Anfrage schreibt sie unter dem 15. Juli:

Lieber Johannes,
Du solltest Dich nicht von den ersten beiden Buchstaben des Namens CdN irritieren lassen. Hier will Dir gewiß niemand ein N für ein U vormachen. Deine Bedenken verstehe ich dennoch. "Schon wieder eine Lobby", wirst Du Dir sagen; und es ist so einer alten, lebenserfahrenen Dame wie mir klar, daß Du bei Deinem täglichen Umgang mit allerlei Greifvögeln allmählich die "Lobby dick" hast.
Das Menschliche, wer weiß das besser als unsereiner, läßt sich nun einmal nicht eindeutig positiv definieren. Den Zielen der Nilpferdfreunde aber liegt doch wohl ein ganz und gar unmenschliches Bestreben zugrunde. Nämlich: Hilfe für die Bewohner von Ländern der Dritten Welt - ohne die Garantie auf Erschließung neuer Absatzmärkte.
Liebe Grüße
Deine Lina

Sie werden verstehen, daß mich dieser Brief meiner alten Freundin aus dem Wuppertaler Zoo einigermaßen verwirrt hat. Ich schrieb ihr zurück:

Liebe Lina!
Deine negative Einschätzung des Begriffes Menschlichkeit macht mich bestürzt.
In Sorge
Johannes

Lieber Johannes, antwortete Lina mit Schreiben vom 19. 7.,

was macht Dich so besorgt?

Ich telegrafierte umgehend:

LIEBE LINA - STOP - VERSUCHE, DICH IN LAGE VON MENSCH ZU VERSETZEN - STOP - WÄRE NILPFERD NICHT VERLETZT, WENN MENSCH BEGRIFF "NILPFERDLICHKEIT" HERABSETZEND BEWERTETE - STOP.   JOHANNES

Drei Tage nach dieser Eildepesche - Nilpferde haben Zeit - fand ich einen Brief von Lina in meiner Post:

Lieber Johannes,
stop, stop, stop! Mach Dich doch nicht zum Lobbyisten Deiner Gattung. Ich bin ein Nilpferd. Gut, Du bist ein Mensch. Nun, das ist nicht zu ändern. Ich bin ein Nilpferd. Von Natur. Ich hüte mich davor, ein Nilpferd von Beruf zu sein. Du bist ein Mensch. Auch von Natur. Doch rufe ich Dir: "Stop, Johannes!" zu, wenn Du der Neigung nachgibst, Mensch von Beruf zu sein.
Ich hoffe, Du liest diesen Brief erst abends, denn wer schaut schon am frühen Morgen gern ausführlich in den Spiegel.
Liebe Grüße
Lina

Nun sagt man ja, daß sich Gegensätze anziehen. Und meine Freundschaft mit Lina hat sicher auch darin ihre Ursache. Aber nach diesem Brief wurde mir doch recht schmerzhaft bewußt, wie kompliziert der Umgang von Dickhäutern mit Dünnhäutern ist:

Liebe Lina,

schrieb ich zurück und wartete diesmal mit der Antwort auch drei Tage.

Liebe Lina,
ich versuche zu lernen. Verzeih mir, daß ich überhaupt so einen Begriff wie "nilpferdlich" gebraucht habe. Ihr seid halt wie Ihr seid. Verhaltensforscher haben es mit Euch längst nicht so schwer wie mit uns Menschen. Wir sind nicht, wie wir sind. Und machen uns darum ein Bild - nicht, wir wie gerne wären, nein, wie wir gerne hätten, daß man uns sieht. Da das kein Problem von Ethik

*und Moral ist, sondern von PR, verpacken wir das Bild sehr werbewirksam in eine Mogelpackung und nennen's Menschlichkeit.
Du siehst, trotz meiner knapp bemessenen Zeit versuche ich, drei Tage lang von Dir zu lernen.*
         Alles Liebe Johannes
P.S.: Ich überlege mir, ob es uns nicht gut anstünde, das Nilpferd zum Wappentier zu machen.

Zu meiner großen Verblüffung hatte ich schon am nächsten Morgen Post von Lina:

*Lieber Johannes,
das mit dem Wappentier laßt mal schön bleiben. Vorerst und auf absehbare Zeit stehen Euch für diese Art von Ausstellung so nachgewiesenermaßen dusselige Tiere wie Löwe oder Adler besser an. Vielleicht später mal. Aufgeschoben ist nicht aufgehoben. Uns Nilpferden reicht für jetzt eine Sonderausstellung. Ansonsten aber, lieber Johannes, meine ich, daß uns dieser Briefwechsel einander näher gebracht hat. Ich fange an, geradezu schwesterliche Gefühle für Dich zu entwickeln.*
         Deine Lina

Diesmal, das werden gerade Sie mir nachfühlen können, fiel es mir besonders schwer, die Drei-Tages-Frist einzuhalten. Aber dann griff ich zu meinem landesweit bekannten Füllfederhalter und verfaßte das folgende Handschreiben:

*Liebe Lina,
der letzte Satz Deines lieben Briefes macht mich stolz! Nun weiß ich, auf welcher Seite ich stehe; nun werde ich mit Freuden an der Eröffnung der Sonderausstellung "Rund ums Nilpferd" teilnehmen.*
    Liebe Grüße
    Dein Bruder Johannes

NICHT JEDER JOURNALIST IST EIN »SCHWEIN«

von Ingolf Zera

Nilpferde sind die besseren Journalisten, behauptet Ingolf Zera, Lokalchef der Kölner Ausgabe des Boulevardblattes "Express", expressis verbis. Und er nennt gute Gründe für seine Feststellung: "Ich arbeitete drei Jahre lang mit einem dieser Kolosse zusammen."

Wie er damals schon vor dem Chef stand. Irgendwie, ich weiß nicht, wie er das machte, füllte er allein durch seine Anwesenheit den ganzen Raum aus. Diese Präsenz - ein Mann wie geboren für gewichtige Führungsaufgaben.

Und dann dieses Lächeln! Es ging mir nicht mehr aus dem Sinn. Immer wieder versuchte ich, es vor dem Spiegel einzustudieren. Jetzt hat es mir der Arzt verboten. Zwei Kiefernoperationen, meinte er, seien genug.

Aber er weiß ja auch nicht, wie das ist, ewiger Zweiter zu sein. Wenn die Damen schwärmen: "Endlich ein gestandener Mann!", ihm um den chicen Drei-Tage-Bart streichen, und wenn er dann zur allgemeinen Begeisterung sein Stummelschwänzchen rotieren läßt - wie sollte ich da mithalten?

Aber auch in seiner Arbeit war er absolut überzeugend. Schließlich war er es, der mit dem weitverbreiteten Vorurteil aufräumen konnte, alle Journalisten seien Schweine. Unvergessen auch seine Erfolgs-Serie "Die Frühjahrs-Diät mit Garantie"! Wahrscheinlich würde sie immer noch fortgesetzt, wenn da nicht so ein neidischer Hobby-Koch aus dem süddeutschen Raum gewesen wäre, der gerichtlich feststellen ließ, daß das Rezept "Täglich einen Zentner Wasserpflanzen" nicht von meinem geschätzten Kollegen stamme, sondern von ihm selbst schon in dem Buch "So werde ich schlank ohne zu kotzen" publiziert worden sei.

Aber derlei Rückschläge gingen meinem Kollegen - und ich gestehe es: meinem Vorbild - nicht unter die Haut. Im Gegenteil: Er riß höchstens das Maul noch weiter auf und ließ zwei Reihen tadellos gepflegter Zähne sehen. Keine Plomben, keine Brücke, alles makellos. Was etwas störte, war höchstens dieser Mundgeruch. Daraufhin schenkte ihm seine Sekretärin zum Geburtstag etwas Mundspray. Aber vermutlich hatte sie ihm zu sagen vergessen, daß man die Sprühdose nicht mitißt.

Sein sicheres Auftreten öffnete ihm überall Tür und Tor. Und auch wenn sie nicht geöffnet wurden - ein paar Glassplitter sollten einen echten Journalisten von der Wahrnehmung seiner Pflichten doch nicht abhalten können.

In der Kantine setzte ich mich immer sehr gern neben meinen Kollegen. Er aß selbst dann meine Reste, wenn ich bereits die Farbe einer unbeschriebenen Manuskript-Seite angenommen hatte. Und überhaupt: Er schien der einzige zu sein, der sämtliche Spezialitäten-Wochen des Kantinenwirts weder mit Haarausfall noch mit Sommerprossen oder einer ernsten Störung des vegetativen Nervensystems quittierte.

Da sich Qualität, wie ein Blick auf die Auflagenzahlen beweist, auch im Journalismus durchsetzt, konnte es natürlich nicht ausbleiben, daß mein Kollege nach neuen, höheren Zielen strebte. Ich weiß noch genau, wie wir ihn damals alle beneideten, als er das erste Mal im sonntäglichen Presseclub auftreten durfte. Es sollte nicht seine letzte Einladung in diese erlauchte Runde bleiben, ermöglichte er doch durch sein beharrliches Schweigen, daß der Gastgeber seinen eigenen Anteil an der Redezeit der stets angepeilten Rekordmarke von 100 Prozent erheblich nähern konnte.

Klar, das war vorauszusehen: Mit diesen, von allen Fernsehmachern als besonders mediengerecht empfundenen Auftritten weihte sich mein Kollege quasi selbst für höhere Aufgaben. Schließlich war er auch für den öffentlich-rechtlichen Rundfunk geradezu prädestiniert. Denn er war ausgewogen: 15 Zentner brachte er damals auf die Waage.

Seine erste Stelle bekam er dann allerdings in der Sportredaktion. Der Grund: Jeder hatte hier ein seinen eigenen Kenntnissen und Fähigkeiten entsprechendes Spezialgebiet. Und bei dieser Art der Aufgabenverteilung war es geradezu zwangsläufig, daß mein Freund zuständig wurde fürs Bodenturnen der Frauen.

Die Stelle verlor er trotzdem wieder. Denn leider konnte er sich nicht abgewöhnen, bei der Siegerehrung und vor allem bei der obligatorischen Nationalhymne sein Kaugummi aus dem Mund zu nehmen.

Er ging zum "Bericht aus Bonn". Und hier konnte er endlich beweisen, was für ein Vollblut-Journalist in ihm steckt. Er war es, der die Politiker-Interviews endlich von sämtlichen Fragen befreite. Über Skandale in der Bundeshauptstadt verlor er nie ein Wort zuviel, und wenn er mal wieder auf dem Bildschirm formatfüllend zu sehen war, dann bewunderte ihn die gesamte Redaktion; denn das war schließlich jedermanns heimliches Ziel.
Am Freitag soll er übrigens den Bundeskanzler interviewen. Treffen wollen sich die beiden auf der beliebten Tauchstation im Wolfgangsee. Wahrscheinlich werden sie sich dort tierisch gut verstehen. Und wer weiß, vielleicht ist für meinen ehemaligen Kollegen sogar noch ein Posten als Regierungssprecher drin. Nichts sagen, Zähne zeigen und bei Gefahr untertauchen kann er ja schließlich.

Aber andererseits: In seiner unmittelbaren Umgebung hat der Kanzler ja lieber Leute, denen er überlegen ist.

Das Nilpferd und sein Verein (1):

»UNDERHIPPOS« VON BOTSWANA BIS BAYERN

von Erich Dederichs

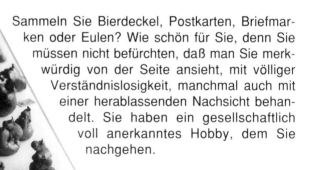

Eigentlich doch klar: Auf die Idee, a. die gutmütigen Dickhäuter in allen nicht-lebenden Variationen zu sammeln und b. ihnen auch noch in den Status eines Vereinszweckes zu verhelfen, kann nur jemand kommen, der in der Bonner Politszene tagaus tagein ein dickes Fell zeigen muß: Bundespresseamts-Mitarbeiter Erich Dederichs, Initiator und Erster Vorsitzender des Clubs der Nilpferd-Freunde (CdN), schildert, wie alle "underhippos" dieser Welt zu ihrem ganz speziellen Verein gekommen sind.

Sammeln Sie Bierdeckel, Postkarten, Briefmarken oder Eulen? Wie schön für Sie, denn Sie müssen nicht befürchten, daß man Sie merkwürdig von der Seite ansieht, mit völliger Verständnislosigkeit, manchmal auch mit einer herablassenden Nachsicht behandelt. Sie haben ein gesellschaftlich voll anerkanntes Hobby, dem Sie nachgehen.

Sammeln Sie Nilpferde? Ja, richtig, diese kleinen unschuldigen Tiere mit dem gefälligen Körperbau, die keinem Menschen etwas zuleide tun, weil sie Vegetarier sind, diese runden Tiere ohne Ecken und Kanten, die so nett das Maul aufreißen können? Sie Ärmster!

Sie wissen genau, wie es den anderen, oben beschriebenen Sammlern nicht ergeht. Sie wissen, was es heißt, nicht beachtet zu werden, diskriminiert zu werden, was es heißt, sich immer erst vorsichtig umsehen zu müssen, wenn Sie Ihrer Nilpferdsammlung ein neues Stück zuführen wollen. Sie wissen, welche Energien der Kampf um Selbstachtung und Überleben bedeutet - und nicht zuletzt wissen Sie auch, daß die englische Bezeichnung "underdog" für Unterdrückte und Benachteiligte völlig falsch ist, weil Hunde in dieser Gesellschaft überhaupt keine Probleme haben.

Offensichtlich haben diese "Underhippos" einen gemeinsamen Gesichtsausdruck oder andere, leicht erkennbare Gemeinsamkeiten. Anders ist nicht zu erklären, daß es Ende 1985 in der Provinz mächtig funkte - vielleicht war es aber auch nur hippostatische Elektrizität. (Für Nichteingeweihte eine kurze Erklärung zu den Örtlichkeiten: Die Provinz lag in Bonn. Nein nicht, was Sie jetzt denken, nach dem Motto: Das habe ich immer schon gewußt. Die Provinz war damals eine kleine, aber feine Gaststätte im Bonner Regierungsviertel, die leider abgerissen worden ist.) Und ebendort funkte es zwischen zwei Menschen, die feststellten, daß auch sie zu jener unterdrückten Spezies von Mensch gehören, die Nilpferde sammeln.

Wir "Underhippos" haben alle einen gemeinsamen Gesichtsausdruck. Oder etwa nicht?

Und weil beide irgendwann einmal gelernt hatten, daß man nur gemeinsam stark ist, suchten sie nach Gleichgesinnten, um Strategien gegen die permanente Diskriminierung von Hippopotamologinnen und Hippopotamologen zu entwickeln, vor allem aber, um das Ansehen des Nilpferds in der Öffentlichkeit zu stärken.

Denn wo spielte das Nilpferd in der Öffentlichkeit überhaupt eine Rolle? In den Medien kam es vielleicht einmal als Ringeltäubchen vor - eine Rolle, die ihm nicht gerade auf den Leib geschrieben ist. Seine extraordinäre Multifunktionalität, konstante Progressivität, imperzeptible Agressivität und seine inhärente Mobilität - nichts davon fand sich in der Berichterstattung, nicht einmal zwischen den Zeilen.

Zurück zu unseren beiden Underhippos, einem Journalisten und einem Referenten beim Bundespresseamt: Sie suchten - und sie wurden fündig, fanden eine Übersetzerin beim Deutschen Bundestag, eine Energieberaterin der Stadtwerke Bonn, die Pressereferentin der Botschaft von Kanada in Bonn, eine Innenarchitektin, einen weiteren Journalisten und einen Oberstleutnant der Bundeswehr. Damit waren sie schon acht, mehr als zur Gründung eines Vereins nach dem strengen deutschen Vereinsrecht erforderlich, und mit der dem Nilpferd eigenen Grazilität schritten sie zur Geburt des Vereins, einem feierlichen und genau vorgeschriebenen Zeremoniell.

Weil es sich nun in jenen Tagen begab, daß landauf, landab über steuerabzugsfähige Spendenquittungen diskutiert wurde, war den Gründungsmitgliedern eins von Anfang an klar: Um keine Zweifel an den lauteren hippopotamologischen Motiven des Vereins aufkommen zu lassen, verzichteten alle bewußt auf die Gemeinnützigkeit. Denn: In den Ruch einer Spendenwaschanlage wollte keiner kommen.

Der Rest ist schnell erzählt: Eine Ausstellung von rund 300 Nilpferden in der Bonner Vertretung der Freien und Hansestadt Hamburg wurde - vor allem auch wegen der prominenten hippopotamologischen Expertinnen und Experten - aus allen Teilen der Gesellschaft breit beachtet. Offensichtlich wollten die Medien ihr schlechtes Gewissen über die bisherige Diskriminierung des Vereinstieres durch eine umfangreiche Berichterstattung wenigstens kurzfristig erleichtern.

Dadurch stieg die Zahl der Mitglieder unaufhörlich. Sie liegt heute bei weit über 200, nicht nur in Bonn, sondern in der gesamten Republik, in Australien, Belgien, Botswana, Brasilien, Dänemark, Frankreich, Griechenland, der Schweiz, Südafrika, den USA und sogar in Bayern. Es ist also nur noch eine Frage der Zeit, bis der Club der Nilpferdfreunde (CdN) offiziell in die Lobbyisten-Liste der Vereinten Nationen aufgenommen wird.

Bis es soweit ist, wirkt der CdN hauptsächlich in diesem unseren Lande, und da gibt es immer noch genug zu tun, obwohl - nicht zuletzt aufgrund der CdN-Aktivitäten - bereits eine deutliche Wende zum Besseren des Nilpferdes zu beobachten ist.

Das Nilpferd und sein Verein (2):
NILPFERD CONTRA AMTSSCHIMMEL

von Erich Dederichs

Das Leben schreibt immer noch die besten Satiren, sagt man oft. Zurecht. Der im folgenden Beitrag zitierte Schriftwechsel ist einfach satierisch. Nur dank seiner Dickhäutigkeit hat das CdN-Vereinsnilpferd den Kampf mit dem Amtsgericht unbeschadet überstanden.

Wenn schon ein Verein, dann aber auch ein eingetragener, dachten sich die Gründungsmitglieder des Clubs der Nilpferdfreunde und begehrten - wie es sich gehört: über einen Notar - beim Amtsgericht Bonn den Eintrag ins Vereinsregister. In der Außenstehenden kaum noch verständlichen Sprache der Juristen ging folgendes Schreiben an das Amtsgericht:

Wir, die unterzeichneten Vorstandsmitglieder des vorbezeichneten, in Gründung befindlichen Vereins überreichen als Anlage in Ur- und Abschrift die Satzung des Vereins sowie eine Abschrift des Protokolls über die Gründungsversammlung der Mitglieder des Vereins, aus der sich auch unsere Bestellung zu Vorstandsmitgliedern ergibt, und melden den Verein und uns als Vorstand zur Eintragung in das Vereinsregister an.

Voll beeindruckt von der Formulierungskunst des Notars, dessen Name aus standesrechtlichen Gründen hier nicht genannt werden darf, zogen sich die Vereinsmitglieder zu ihren Nilpferden zurück und warteten auf die Zuteilung der Vereinsregisternummer. Aber weit gefehlt: Das Amtsgericht meldete sich erst mal zu Wort!

Amtsgericht Bonn
~~Bonnsdorf~~
Abt. f. Registersachen

Dienstgebäude
Kölnstraße 9-11
Postfach 1140
5300 Bonn 1, den 21.1.1985
Fernruf (0228) 702 0
bei Durchwahl 702 ~~800-818-619~~ 648
Fernschreiber 886521
Nachtbriefkasten: Wilhelmstraße 21

Amtsgericht Bonn, Kölnstraße 9-11, 5300 Bonn 1

Herrn Notar

5300 Bonn 1

Betr.: Geschäfts-Nr.: 20 AR 7/85
Bitte bei allen Schreiben angeben

Ihr Zeichen: UR.Nr. 65/1985

Sehr geehrter Herr Notar,

In der Vereinsregistersache Club der Nilpferdfreunde wird Ihnen mitgeteilt: Die Pflege von lebenden Nil- bzw. Flußpferden durch Privatleute ist innerhalb der Bundesrepublik kaum möglich. Wenn der Zweck des Vereins dennoch so beibehalten werden soll, muß dem Registergericht nachgewiesen werden, daß der Verein bzw. eines seiner Mitglieder im Besitz zumindest eines Nil- bzw. Flußpferdes ist. Sie werden daher gebeten, die Satzung bezüglich des Zwecks innerhalb eines Monats ändern zu lassen bzw. den oben genannten Nachweis zu führen.

Anstößig war für das Amtsgericht § 2 der Satzung, in dem es heißt:

Der Verein ist ein Zusammenschluß von Mitgliedern, die Nil- bzw. Flußpferde sammeln oder auf andere Weise deren Ansehen mehren und Schaden von ihnen abwenden.

Da aber an diesem Paragraphen nicht gerüttelt werden sollte, traten die Juristen der Vereinsseite in Aktion. Und da diese Berufsgruppe nahezu alles irgendwie und dann auch noch überzeugend begründen kann, folgte der unmittelbare hippopotamologische Gegenschlag des Vereins:

In der Vereinsregistersache Club der Nilpferdfreunde wird auf die dortige Beanstandung folgendes erwidert: Nach dem Inhalt der Satzung ist es Zweck des Vereins, all' denjenigen Menschen in der Rechtsform eines eingetragenen Vereins eine Heimstatt zu geben, 'die Nil- bzw. Flußpferde sammeln oder auf andere Weise deren Ansehen mehren und Schaden von ihnen abwenden'.

Hiernach ist mit keinem Wort davon die Rede, daß die Pflege von Nilpferden Vereinsgegenstand sei - schon gar nicht die Pflege von lebenden Nilpferden. Vielmehr ergibt sich aus dem mit 'oder' angehängten Zusatz des Vereinszwecks der eher virtuelle Schwerpunkt der Tätigkeit der Vereinsmitglieder ('Ansehen mehren, Schaden abwenden').

So ist denn nach hiesiger Auffassung ein Verstoß gegen die vereinsrechtlichen Normen des Bürgerlichen Gesetzbuches nicht festzustellen: Entsprechend dem Rechtsgedanken des § 18 HBG ist lediglich zu fordern, daß der Name des Vereins im Rechtsverkehr keine falschen Vorstellungen über Zweck, Art und Größe erweckt. Die ideelle Dignität (Reichsgericht) des Vereins darf nicht überhöht werden.

Es bedarf im Hinblick auf diese Grundsätze schon weiterer Darlegungen des Gerichts, warum nachzuweisen wäre, daß ein Mitglied des Vereins im Besitz eines lebenden (!) Nil- bzw. Flußpferdes ist. ...Überhaupt dürfte es doch nichts Ungewöhnliches sein, wenn der Zweck eines Vereins auf einen Gegenstand gerichtet wird, der den Vereinsmitgliedern nicht unmittelbar greifbar ist, ja sogar nur in der Vorstellung derselben besteht (vgl. den im Vereinsregister des Amtsgerichtes München eingetragenen Verein der 'Freunde und Förderer des Wolpertinger')

So wird denn das dortige Amtsgericht gebeten, den hiesigen Antrag unter Berücksichtigung alles Vorstehenden einer erneuten Prüfung zu unterziehen.

Jetzt begann offensichtlich ein sportlicher Wettlauf zwischen Juristen, denn das Amtsgericht schlug wieder zurück - und dies alles auf dem Rücken eines unschuldigen Nilpferdes.

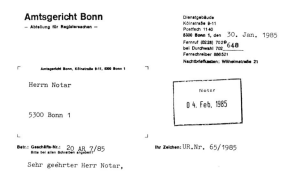

Sehr geehrter Herr Notar,

In der Vereinsregistersache Club der Nilpferdfreunde wird mitgeteilt, daß beabsichtigt ist, an der hiesigen Verfügung festzuhalten. Die Satzung gibt den Zweck nicht eindeutig wieder.

Da die Sammlung und nicht die Interessenvertretung von Nil- oder Flußpferden im Vordergrund stehen soll, muß klar zum Ausdruck gebracht werden, ob lebende Tiere oder lediglich Miniaturen und Abbildungen gemeint sind.
'Sammeln' bedeutet nach allgemeinem Sprachgebrauch Besitz; mit Sitz in der Bundesrepublik dürfte es schwierig sein, lebende Nil- oder Flußpferde zu halten. Der Zweck des Vereins ist also dahingehend zu ändern, daß sich das Sammeln auf Gegenstände beschränkt, die sich auf diese Tiere beziehen.

Was den weiteren Zweck des Vereins betrifft, wurden keine Beanstandungen erhoben, sodaß sich Erläuterungen insoweit erübrigen. Zur Behebung des Mangels wird Ihnen eine Frist von vier Wochen gesetzt.

Diese scharfe Entgegnung des Gerichts machte alle stutzig. Was war der Hintergrund? Sammelte die zuständige Rechtspflegerin etwa Nashörner, hatte sie ein traumatisches Erlebnis mit einem Nilpferd gehabt, steckten gar politische Motive hinter diesem Schriftwechsel? War es vielleicht nur die Überraschung, daß es in Bonn einen neugegründeten Verein gab, der von vornherein und bewußt auf die Gemeinnützigkeit verzichtete, sich offensichtlich nicht - wie viele andere - als Spendenwaschanlage betätigen wollte? Die Gründungsmitglieder waren zunächst ziemlich ratlos, bis die Rettung - natürlich in Gestalt eines Nilpferdes - nahte. Leider liegt keine Video-Aufzeichnung des Gesichtes der Rechtspflegerin vor, als sie folgenden Brief des Notars las:

Der Vorsitzende hat mich gebeten, folgendes mitzuteilen: Als Ehrenmitglied des Vereins konnte u.a. Herr Gerd Siemoneit-Barum (Dompteur im Zirkus Barum) gewonnen werden. Herr Gerd Siemoneit-Barum ist Besitzer des Nilpferds Katharina Karla, geboren 1975 im Karlsruher Zoo. Ich darf nunmehr um Erledigung meines Antrages bitten.

Mit dieser Antwort hatte das Amtsgericht offensichtlich nicht gerechnet - und so ist mit Datum vom 22. April 1985 der Club der Nilpferdfreunde im Vereinsregister beim Amtsgericht Bonn unter der Nummer 5141 registriert.

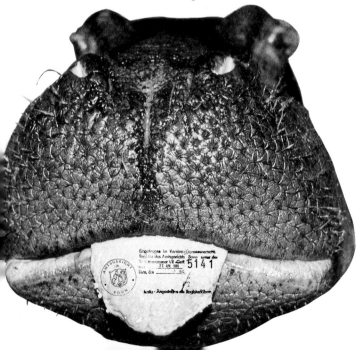